Né le 9 décembre 1969 à Saint-Jean-de-Luz, Bixente Lizarazu est un footballeur international français évoluant au poste d'arrière gauche de la fin des années 1980, jusqu'au milieu des années 2000. Il s'est reconverti dans les médias comme comme consultant sportif. Il est également producteur et réalisateur de documentaires.

Bixente Lizarazu

MES PROLONGATIONS

Éditions du Seuil

TEXTE INTÉGRAL

ISBN 978-2-7578-7500-1
(ISBN 978-2-02-137496-4, 1re publication)

À mes parents
À ma femme Claire
À mes enfants, Tximista et Uhaina
À mes amis, ma famille
À mes équipes et mes clubs de cœur,
les Girondins de Bordeaux, le FC
Bayern Munich et l'Équipe de France
Au football, au sport, MERCI infiniment…

Introduction

Voilà presque douze années que j'ai raccroché mes crampons. Ma vie est pourtant toujours aussi rythmée, et plus que jamais dans l'action. Un footballeur professionnel est concentré sur un objectif égoïste : ses matches, sa forme, son corps, sa carrière. Il lui reste peu de temps pour le reste. En mettant un terme à ma carrière de footballeur, j'ai ouvert les yeux, j'ai libéré mon esprit. J'ai découvert le monde au travers de mes voyages, des Coupes du monde que j'ai commentées, ou dans le cadre de mes activités d'ambassadeur du Bayern Munich. Je me suis réalisé professionnellement, passant avec autant de plaisir de la télévision à la réalisation de documentaires, de la radio à la presse écrite.

J'aime avoir de nouveaux projets. Ce livre en fait partie. J'en avais écrit un premier, en 2007, pour tirer le bilan de ma carrière de footballeur professionnel. Je m'étais toujours promis d'en écrire un deuxième quand j'aurais des choses nouvelles à raconter. Il m'a semblé, après l'Euro 2016, que ce moment était venu. J'ai suffisamment de recul, désormais, pour décrire cette petite mort, que beaucoup de sportifs traversent avec difficulté quand ils arrêtent. Je vous expliquerai pourquoi, au contraire, je l'ai vécue comme une renaissance.

Alors que nous nous apprêtons à fêter le vingtième anniversaire de notre titre de champions du monde, la perspective de rouvrir l'armoire aux souvenirs n'était pas pour me déplaire. Je pose un regard plein de tendresse sur l'équipe de France 1998, sur les hommes qui la composent. Plus le temps passe et plus j'ai conscience de la dimension de l'exploit réalisé ce 12 juillet 1998. Nous avons vécu une épopée fantastique, nous avons rendu les Français heureux, soudés, pendant quelques mois. Qui d'autre, mieux que nous qui l'avons vécue de l'intérieur, peut raconter ce grand moment de communion avec notre pays ? Je ne vais pas vous raconter que nous étions parfaits, personne ne l'est. En revanche, je vais vous expliquer pourquoi cette équipe était unie, intelligente, forte et belle. Quand je vois la difficulté que rencontrent les entraîneurs à fédérer des joueurs autour d'un projet commun, je peux vous assurer qu'il s'est passé quelque chose d'extraordinaire il y a vingt ans. Je n'ai pas envie qu'on l'abîme, qu'on le dénature. Il nous appartient, il vous appartient, il appartient au patrimoine de la France.

Toute ma jeunesse de footballeur, j'ai passé mon temps à attaquer. Jusqu'au jour où, aux Girondins de Bordeaux, Didier Couécou m'a proposé de devenir défenseur. Ce fut une révélation. Ce fut même un bouleversement total dans ma façon de me comporter dans la vie. C'est une tâche noble que de défendre sur un terrain de foot. Ça l'est encore plus dans la vie : défendre une terre, des valeurs, sa famille, ses amis, son indépendance, son club, sa liberté. Ça demande du caractère, de l'abnégation, de l'implication, de la concentration, un sens du collectif. Je vous parlerai de ce que cela a pu changer en moi.

Voilà douze années que je fréquente les médias, que je collabore avec quelques-uns des plus prestigieux d'entre eux. La Coupe du monde 2018 sera ma quatrième derrière un micro. J'ai vécu des moments intenses, comme la finale de l'Euro 2016, surréalistes, comme la grève de Knysna en 2010, graves, comme les attentats au Stade de France en 2015. J'ai maintenant suffisamment de recul pour porter un jugement sur ce milieu, qui est désormais le mien. Pour moi, le rôle des médias dans la société est fondamental, indispensable. Nous avons besoin d'être informés au plus près de la vérité. Malheureusement, depuis quelques années, je trouve qu'une partie de la sphère médiatique ne tourne plus rond, que le message est brouillé, aspiré par le tourbillon de l'information express, du buzz à tout prix, d'une information devenue un produit commercial, une information influencée par la dictature des réseaux sociaux. Je souhaite que ce livre nourrisse une réflexion sur ce métier en pleine mutation.

J'ai toujours pensé que la comparaison entre les époques était un exercice périlleux. En passant de l'autre côté de la barrière, on se retrouve vite confronté au risque ou à la tentation de devenir un adepte du « c'était mieux avant ». Je ne suis pas tombé dans ce piège. D'ailleurs, dans cet ouvrage, j'explique le plaisir qui est le mien d'avoir été amené à commenter le duel du siècle. Le match à distance que se livrent Cristiano Ronaldo et Lionel Messi, dans la course au Ballon d'or, à la Liga et à son classement des buteurs, à la Ligue des champions, est exceptionnel. Dans son histoire, le football a vu apparaître quelques extraterrestres. Mais deux de ce niveau-là, en même temps, c'est du jamais vu !

Messi et Ronaldo, surnommé CR7, sont les deux grandes stars d'une discipline qui continue à attiser les passions et à conquérir de nouveaux territoires. Si ses règles du jeu sont restées d'une très grande simplicité, le football a vu son économie se développer de façon vertigineuse sous l'impulsion de clubs devenus des marques mondiales. Qui aurait pu penser, il y a vingt ans, qu'une rencontre du Championnat de France, Nice-Paris Saint-Germain en l'occurrence, serait disputée à 13 heures de façon à être diffusée en prime time en Asie ? Le football français fournit de gros efforts pour partir à la conquête de nouveaux marchés, mais il a beaucoup de retard sur les grands d'Europe. Le Bayern Munich m'a dépêché en Asie ou sur le continent américain pour le représenter. Aurais-je pu jouer un autre rôle, plus actif, dans le football d'aujourd'hui ? On m'a demandé mille fois pourquoi je n'avais pas voulu être entraîneur. Ce livre est l'occasion de répondre à cette question. J'aimerais aussi que les conseils que je propose sur le métier de footballeur intéressent les jeunes qui veulent devenir pros ou les pros en activité un peu perdus, mal organisés ou mal conseillés. Mon expérience de footballeur peut leur être profitable. J'aimerais pouvoir les aider à ne pas être rongés par les regrets, le soir de leur dernier match.

Ce n'est pas mon cas. J'ai vécu toutes les plus grandes émotions sur les terrains de foot, j'ai gagné tous les trophées les plus prestigieux. Si je ne joue désormais que très épisodiquement, le sport est resté ma religion et je suis un fidèle pratiquant. Du ski freeride, au jiu-jitsu brésilien en passant par le vélo, le surf, la plongée sous-marine, toutes les disciplines ou presque m'attirent. Quand je ne les pratique pas, je pars à leur découverte dans le cadre de mes documentaires.

J'aime vivre à fond, passer d'une activité à une autre. Du coup, je prends rarement le temps de me poser. L'écriture de ce livre m'a permis de le faire, m'a obligé à répondre à des questionnements personnels sur le foot, sur le sport, sur les médias, sur la vie. J'espère que les expériences que j'ai vécues et que je vous fais partager dans les pages qui suivent, les valeurs qui me sont chères, vous toucheront.

Pour finir, j'ai tenté, pour une fois, de laisser ma pudeur au vestiaire pour délivrer quelques messages d'amour à mes terres d'origine ou d'adoption, à ma famille, à mes amis, à mes compagnons de route. C'est bien de dire ces choses-là. C'est encore mieux de l'écrire. La trace est là, indélébile.

Je vous souhaite une bonne lecture.

Bixente Lizarazu

Putain, vingt ans…

Vingt ans. Putain, vingt ans… Je ressens encore l'accolade du président de la République, Jacques Chirac, celle de Michel Platini, dans la tribune officielle que nous avons rejointe, ivres de bonheur. Je revois Zizou me passer la coupe du monde qu'il vient de soulever, le tour d'honneur, la photo souvenir. Je nous revois fendre la marée humaine sur les Champs-Élysées, juchés sur notre bus à impériale, la réception à l'Élysée, *La Marseillaise* chantée une dernière fois avec Lilian Thuram dans un salon caché du palais présidentiel. J'ai l'impression que c'était hier. Ces ondes magiques se diffusent encore aujourd'hui. C'est agréable de vivre en se disant que l'on a réussi, une fois dans sa vie – deux en ce qui nous concerne puisque nous avons remporté l'Euro 2000 dans la foulée –, quelque chose d'immense pour son pays. Le sentiment de plénitude qui m'habite encore m'offre une forme d'apaisement. Je me rappelle ces 6 000 Basques venus me dire leur fierté à mon retour à Hendaye, là où le football avait commencé pour moi, vingt ans plus tôt, la cérémonie à la mairie, l'aurresku, cette danse traditionnelle basque faite en mon honneur, ce makila, bâton de marche, symbole de la reconnaissance de ma région toujours en bonne place à l'entrée de ma maison.

Je me souviens aussi des hymnes. Je suis pris entre deux feux avec Fabien Barthez, superdétendu, presque sur une autre planète, et Lilian Thuram, surmotivé, habité par cet hymne qu'il chante à pleins poumons. Il paraît que certains joueurs sont capables d'aborder ce genre de match sans être conscients de sa portée. Nous, nous étions tous conscients de vivre le moment de notre vie, qu'il ne fallait pas passer à côté. Depuis le quart de finale contre l'Italie et notre victoire aux tirs au but, nous sentions un vent porteur, tout le pays mobilisé derrière nous.

Ce 12 juillet 1998, soir de la finale, quand M. Belqola donne le coup de sifflet final, je ressens une sensation très étrange. Je suis sous anesthésie, comme si mon cerveau, totalement dépassé par ce choc émotionnel s'était mis en position off. Je suis à la fois acteur et spectateur du moment complètement dingue que nous vivons. Curieusement, ma joie ne vire pas à l'hystérie. Je n'ai vraiment pris conscience que nous étions entrés dans l'histoire que lorsque j'ai croisé le regard de mon père, en montant en tribune chercher notre trophée. Des larmes coulaient sur ses joues. Ce père, menuisier-charpentier, aux mains qui ressemblent à des enclumes, si pudique, je ne l'avais jamais vu dans cet état… Oui, nous étions devenus champions du monde ! Ce n'est vraiment qu'en rentrant chez moi, au Pays basque, que je suis redescendu sur terre, que je suis redevenu normal…, que j'ai été habité par une montée soudaine de bonheur. J'ai posé mes sacs, et je me suis dit : « C'est bon putain, on l'a fait. » C'est à ce moment-là, seulement, que j'ai commencé à savourer ce que nous venions de réaliser.

À partir du printemps 1998 et pendant quatre ans, nous avons été la meilleure formation du monde. Pourquoi ? Parce que l'équipe était talentueuse et qu'elle arrivait à maturité, mais aussi parce que notre implication était totale. Notre confiance était si grande que nous survolions la plupart de nos matches. La défense que nous formions avec Fabien Barthez, Lilian Thuram, Laurent Blanc et Marcel Desailly a disputé 28 rencontres. Elle n'en a perdu aucune et n'a encaissé que 13 buts. De mai 1998, date de la préparation de la Coupe du monde en France, à mai 2002, date de celle jouée au Japon et en Corée du Sud, nous avons disputé 60 matches. Bilan : 43 victoires, 11 nuls et 6 défaites. À gagner si souvent, nous avons fini par nous sentir invincibles, nous étions persuadés que tout finirait toujours bien, comme en finale de l'Euro 2000 contre l'Italie remportée grâce à la règle désormais proscrite du but en or. Jusqu'au jour où nous avons été priés de rentrer chez nous beaucoup plus tôt que prévu. Notre élimination au premier tour de la Coupe du monde 2002 a sonné le glas d'une époque dorée. Nous étions tous impactés par une forme d'ivresse collective et, dans l'entourage de l'équipe de France, il n'y avait alors aucun gardien du temple pour faire respecter le cadre fixé par Aimé Jacquet en 1998 : revenir à l'essentiel, nous mettre en garde contre les risques d'un relâchement ou d'une dispersion. Joueurs, entraîneur, dirigeants, tous, chacun à son niveau, savouraient les fruits de cette incroyable réussite. Nous l'avons payée très cher, même si notre désillusion de 2002 paraît logique avec le recul. L'Espagne a vécu la même mésaventure à la Coupe du monde de 2014 au Brésil.

Le temps a fait son œuvre et, en ce qui me concerne, il ne reste plus rien de cette sortie ratée. Demeure par contre le sentiment exceptionnel d'avoir remporté la Coupe du monde dans notre pays, et d'être parvenus à enchaîner un titre de champion d'Europe en 2000. Peu d'équipes nationales ont réalisé cet exploit. La République fédérale d'Allemagne avait fait l'inverse en remportant l'Euro 1972 puis le Mondial 1974. En fait, seule l'Espagne a fait mieux en remportant deux fois le Championnat d'Europe (2008 et 2012) et la Coupe du monde entre-temps (2010).

Les champions du monde de 1998 ont conservé une très belle cote de popularité. Pour s'en persuader, il suffit juste d'assister aux rares rencontres que nous disputons, quand nous parvenons à trouver une date commune sur nos agendas. Les tribunes sont pleines de spectateurs enthousiastes et ravis de nous revoir. Sur le devant de la scène ou aux premières loges, nous sommes toujours là donc. Ce titre demeure la plus grande réussite du football français. Nous avons tout gagné, que ce soit avec les Bleus, mais aussi, pour beaucoup d'entre nous, dans nos clubs respectifs.

Pourtant on ne peut pas dire que cela ne fait que des heureux. Parfois j'ai eu l'impression qu'il fallait que l'on s'excuse d'être toujours dans la lumière, que l'on se taise… Nous n'avons manqué de respect à personne, pourtant. Le problème se situe ailleurs, en fait. Parmi nous, certains occupent des postes enviés, que ce soit comme entraîneur ou en tant que consultant dans les médias. Nous avons un point de vue, nous le faisons valoir. Si notre voix porte plus que d'autres, c'est parce que nos succès nous ont donné du crédit. Mais ce crédit n'est bien entendu qu'une porte d'entrée, pas un blanc-seing *ad vitam æternam*. Nous n'avons strictement rien volé à personne. À ceux qui osent affirmer que nous bénéficions de passe-droits, je rappellerai que Laurent Blanc a dû attendre 2007 avant que Bordeaux lui offre son premier poste d'entraîneur, que Didier Deschamps, qui avait pourtant mené Monaco en finale de la Ligue des champions et dirigé la Juventus Turin, a été recalé au poste de sélectionneur en 2008, qu'Alain Boghossian ou Lionel Charbonnier peinent à trouver un club, alors qu'ils ont passé et obtenu leur diplôme haut la main… Malgré l'immense pression liée à leur passé de joueurs, ceux qui entraînent réussissent. En tant que consultants, nous travaillons pour les plus grands médias depuis de nombreuses années. Laurent Blanc a passé six saisons en Ligue 1 : il a remporté quatre titres de champion de France. Didier Deschamps est revenu à Marseille qui n'avait plus rien gagné depuis dix-sept ans. Sous sa houlette, l'OM est redevenu numéro 1 français. Zinédine Zidane a remporté deux Ligues des champions consécutives avec le Real Madrid.

Pour que nos positions soient enviées, il faut des envieux. On a voulu faire croire que l'association France 98 était un lobby dont l'ambition consistait, ni plus ni moins, à prendre les clés du football français… Nous étions les Beatles. Il suffit de se souvenir de l'hystérie que pouvaient provoquer nos apparitions publiques pendant l'été 1998 et les mois qui ont suivi, de l'attention que nous accordaient les magazines people, ou des titres beaucoup plus sérieux, s'intéressant à notre poids supposé dans la société française ou son économie. Nous serions devenus la franc-maçonnerie du foot français, qui tire les ficelles en coulisses ? Ces accusations sont stupides, fausses. Pour avancer de telles inepties, il ne faut vraiment rien comprendre de notre état d'esprit et ne rien savoir de notre manque d'organisation. Nous avons déjà du mal à nous retrouver le temps d'un match, d'un dîner au restaurant et nous organiserions des soirées secrètes pour imposer nos amis et nos idées ?

Ceux qui nous soupçonnent de fomenter des complots sont les mêmes qui, parfois, cherchent à nous opposer. Car oui, nous ne sommes pas toujours sur la même longueur d'onde. Vous connaissez des familles, des cercles d'amis qui ne s'engueulent jamais ? À l'échelle d'une vie, ça me semble impossible. Même en 1998, il y a eu quelques petites tensions. Que pesaient-elles face à l'intelligence de groupe, l'harmonie qui nous a permis de gagner, au respect bien réel dans nos relations ? Franchement, rien.

Fondamentalement, nous sommes aujourd'hui tous très indépendants, libres. On n'atteint pas le plus haut sommet de la planète foot avec un troupeau de béni-oui-oui. Il faut du caractère pour réussir pareille conquête. Nous n'en manquions pas hier et il faudrait que nous en soyons dénués désormais ? En 1998, des débats ont existé au sein du groupe, nous avons dû composer avec quelques divergences, mais nous sommes toujours parvenus à trouver un accord ou un compromis, sans jamais altérer l'esprit collectif qui avait fait notre force. Au final, chacun des vingt-deux sélectionnés a toujours su placer les intérêts de l'équipe au-dessus des siens. Entre Bernard Lama et Fabien Barthez par exemple, chacun sait que ce n'était pas le grand amour. Ça ne les a pas empêchés de cohabiter intelligemment, ça n'a pas empêché Fabien de réaliser une Coupe du monde et un Euro exceptionnels. Il y avait un profond respect entre nous. Je garde le souvenir d'une bande de joueurs, de potes heureux de vivre ensemble à Clairefontaine. À une époque où nous évoluions pour la grande majorité à l'étranger, il y avait un petit parfum de vacances à se retrouver en bleu.

Désormais, ce n'est pas toujours simple entre les entraîneurs et les consultants. Les premiers sont dans l'action et aimeraient être soutenus. Les seconds doivent donner leur point de vue. Ils sont attendus au tournant de la vérité par leurs auditeurs, leurs lecteurs, leurs téléspectateurs. Ils prendraient aveuglément la défense de leurs anciens coéquipiers qu'on leur reprocherait d'entretenir le lobby. À la première critique, on veut faire croire qu'il y a le feu chez France 98… Il peut y avoir des points d'accrochage. C'est arrivé récemment, ça arrivera encore.

J'ai toujours pensé que tant que les analyses restaient dans le cadre du jeu, il n'y avait pas de raison de se fâcher. Ces petites tensions sont parfois attisées par une partie de la sphère médiatique, qui déforme, grossit certains propos pour verser dans le sensationnalisme. Parfois, avant de m'exprimer, il m'arrive de réfléchir aux conséquences de l'interprétation de mes propos, dans l'hypothèse où ils seraient coupés ou déformés. Je me souviens d'avoir déclaré dans *Le Divan*, l'émission de Marc-Olivier Fogiel sur France 3, qu'à titre personnel, je n'avais pas besoin des mises au vert pour être performant sur le terrain, que je savais me gérer et que ces rassemblements étaient plus une contrainte qu'autre chose pour moi. Mais comme ce commentaire était intégré dans un passage sur l'équipe de France, il a été repris sur internet de la façon suivante : « Lizarazu était malheureux quand il devait aller en stage à Clairefontaine avec les Bleus. » Échaudé par ce type d'expériences, je préfère, parfois, ne pas aborder certains sujets pour ne pas laisser de prise à une mauvaise interprétation… J'entends çà et là que Didier Deschamps et Laurent Blanc seraient fâchés depuis que le premier a remplacé le second à la tête de l'équipe de France. Évidemment, une telle « brouille » fait forcément jaser dans le Landerneau. Existe-t-elle vraiment ? Non, pas à ma connaissance. J'ai partagé récemment un déjeuner avec Didier et Lolo, je ne les ai pas vus tendus. C'était chaleureux et sympathique. Tous les deux entraînent, comme Zizou. Vu leur niveau et leur réputation, ils se sont retrouvés et il se peut qu'ils se retrouvent, dans les années qui viennent, en concurrence sur les mêmes dossiers, en club ou en sélection. Ils se respecteront alors autant comme entraîneurs que comme joueurs.

Le temps passe, et si nous jouons moins souvent, c'est parce que nos jambes sont devenues plus lourdes. Mon plus grand plaisir, ce n'est pas tant de rejouer que de retrouver mes potes, faire une bouffe, boire un coup, rire en refaisant le monde. N'imaginez pas qu'à la fin de nos repas, nous entonnons *I will survive*. Il m'a fallu attendre près de vingt ans pour savoir comment la chanson de Gloria Gaynor était devenue notre chanson de ralliement. Tout est parti d'un exercice lors d'un entraînement. Un « toro ». Plusieurs joueurs positionnés en cercle se font des passes. Au milieu, un autre joueur cherche à intercepter le ballon. Celui qui n'y parvenait pas finissait par se faire chambrer par ses partenaires. Il semble qu'Alain Boghossian ait eu le droit à des « La, la-la-la-la, la-la-la-la-la-la, la-la-la-la, la-la-la-la-la-la… » et que le tube ait ressurgi dans le vestiaire, à l'issue de notre victoire lors du premier match contre l'Afrique du Sud.

Mais quand nous nous retrouvons, ce n'est pas pour refaire la Coupe du monde, le plongeon de Fabien dans les pieds de Ronaldo ou les deux têtes victorieuses de Zizou. Nous vivons au présent, nous nous témoignons notre affection réciproque. Ça fait du bien, parfois, de se dire que l'on s'aime. En ce qui me concerne, jamais je ne cracherai sur l'équipe de France 98. Cela reviendrait à me cracher dessus. Cette aventure est un bien précieux. Elle ne se résume pas à un titre de champion du monde et de champion d'Europe, mais à des heures de discussions, d'entraînements, de stages de préparation. Cette fantastique aventure que nous avons vécue nous unira jusqu'à notre dernier souffle. Cette équipe-là, interdit d'y toucher, de la salir. C'est sacré.

1998 : que sont-ils devenus ?

Fabien Barthez vit désormais à Toulouse et nous cultivons un point commun, notre soif de compétition pas encore rassasiée, notre envie d'exister encore en tant qu'athlète, notre quête d'adrénaline. Fabien s'épanouit dans la course automobile au très haut niveau. J'ai pu vivre sa nouvelle passion au plus près, le temps de l'épisode 5 de ma série documentaire *Frères de sport* pour la chaîne L'Équipe, dans le cadre des 24 Heures du Mans. Préparation minutieuse, professionnalisme, détachement, décontraction, une part de folie aussi : rien n'a changé dans sa nature profonde. Et pourtant, comme il l'explique lui-même, la course automobile, ce n'est pas juste un ballon et des crampons, mais beaucoup de boutons, de technologie. Sa passion et son niveau de pilotage m'ont bluffé. J'ai pu découvrir un univers où l'esprit d'équipe se rapproche de celui du foot. J'ai pu aussi partager son intimité familiale, dans sa maison à Toulouse, et nous avons refait le monde. C'était bon, c'était simple, c'était bien. Avant un match au sommet, Fabien avait besoin d'un petit temps de décompression pour donner le meilleur de lui-même. L'humour était un peu sa potion magique.

À l'échauffement de la finale contre le Brésil, il est allé jusqu'à faire croire à Philippe Bergeroo qu'il s'était brisé le genou à la réception d'un centre. Il se tordait de douleur, poussait des cris. L'entraîneur des gardiens a accouru vers lui et, quand il était tout près, Fabien a éclaté de rire. Philippe était livide, il voulait le tuer. Cette anecdote résume Fabien, sa capacité à se soustraire d'un événement énorme pendant cinq secondes, probablement pour se soulager d'une pression incroyable. Comme au moment de la présentation des équipes, où Fabien aimait faire des blagues, il fallait se mordre les lèvres pour ne pas rire.

Mais j'éprouve un peu de peine quand j'entends dire qu'une distance s'est installée entre la France et l'un des plus doués d'entre nous : Thierry Henry. On ne le dit pas assez fort depuis sa main lors de la qualification controversée contre l'Eire en Coupe du monde 2010, et aussi depuis Knysna, où sa position a suscité des critiques qu'il a mal vécues : Thierry Henry est pourtant l'un des plus grands joueurs de l'histoire du football français. Toutes les carrières sont faites de hauts et de bas. Dans celle de Titi, il y aurait tant de positif à privilégier, entre ses 51 buts, qui font de lui le meilleur réalisateur de l'histoire des Bleus, ou ses 123 sélections, qui le placent en deuxième joueur le plus capé de l'histoire. Notre meilleur buteur à la Coupe du monde 1998 et à l'Euro 2000, c'est lui. J'aimerais qu'il trouve la place qui devrait être la sienne dans son pays. Actuellement, il est entraîneur adjoint de l'équipe de Belgique, consultant star en Angleterre, mais ne fait plus grand-chose qui le rapprocherait de la France. Pour lui comme pour le football français, c'est dommage.

Je voudrais aussi remettre l'église au milieu du village concernant un camarade très attachant, sensible, que j'aime beaucoup et qui a suscité, lui aussi, quelques critiques à la suite de déclarations parfois maladroites, mais toujours pleines de sincérité. Il s'agit de Frank Lebœuf. Au début, on ne pouvait pas se blairer. Il jouait à Strasbourg, moi à Bordeaux. Un contentieux datant de l'époque où les deux équipes évoluaient en Ligue 2 nous opposait. C'est en équipe de France que nous avons appris à nous connaître et à nous apprécier. Après la demi-finale contre la Croatie durant laquelle Laurent Blanc a été exclu, on a presque reproché à Frank de prendre la place de Lolo, suspendu. Je voudrais rappeler à quel point il a été excellent contre le Brésil, à quel point ce n'était pas facile d'être en finale face à Ronaldo alors qu'il n'avait disputé que le troisième match de poule et le dernier quart d'heure de la demi-finale. C'est son mérite et ce mérite impose le respect. La force d'une équipe, d'un groupe, vient de là. Par la suite, Frank s'est donné les moyens de réaliser d'autres projets qui lui tenaient à cœur. Il rêvait de devenir comédien, gamin. Il est parti à Los Angeles suivre des cours au prestigieux Lee Strasberg Institute. J'ai assisté à l'une de ses représentations sur les planches à Paris où il est revenu s'installer, et où il mène une vie de consultant pour SFR et RMC après être passé par TF1.

En équipe de France, Lilian Thuram était mon frère de combat. Ensemble, nous finissions toujours les entraînements par des petits exercices physiques complémentaires et, avant chaque match, nous avions un petit rituel pour se chauffer psychologiquement. Je n'oublierai pas ces *Marseillaise* chantées à pleins poumons, ces accolades viriles comme nos longues conversations. J'avais besoin de croiser son regard dans le vestiaire, dans le couloir qui conduit au terrain. Il avait besoin de croiser le mien. Sur la pelouse, notre objectif consistait à écœurer notre attaquant pour qu'il change d'aile et subisse la même punition avec l'un ou l'autre. Lilian était un fantastique défenseur. Arrière central de formation, il a su parfaitement s'adapter au poste de latéral en équipe de France. Ce n'est pas une offense de rappeler qu'il ne marquait pas beaucoup de buts, que ce soit en match ou à l'entraînement. Son doublé en demi-finale ne s'explique pas. C'était un vrai moment de grâce. Pour moi, ce France-Croatie restera à jamais LE match de Lilian Thuram. Lilian avait une habitude diététique. Il mangeait toujours une salade verte avec une sauce à base d'huile d'olive, de citron et d'ail. Après la Croatie, nous avons tous réclamé la salade Lilian Thuram… Des Bleus de 1998, Lilian est celui qui s'est probablement le plus éloigné du foot. Mais je suis fier de le voir mener aujourd'hui un autre combat, tellement important, contre le racisme et contre toutes les discriminations.

S'il n'est pas le plus célèbre du groupe, Bernard Diomède réalise une brillante reconversion dans le monde associatif. Dans l'académie qui porte son nom et qu'il dirige avec Delphine, sa compagne, le football n'est pas perçu comme une finalité mais comme un moyen éducatif pour préparer les jeunes à leur vie d'adulte. Diodio encadre quatre-vingts enfants et adolescents et les accompagne dans un triple projet scolaire, sportif et social. Chaque année, avec France 98, nous participons à un match *indoor* pour aider son association. Le garçon timide et discret que j'ai connu chez les Bleus est devenu un excellent orateur, un homme plein de sagesse. C'est une excellente idée, je trouve, de lui avoir permis d'intégrer la direction technique nationale et de prendre en main l'équipe de France des moins de 18 ans.

J'ai conservé beaucoup d'affection pour mes anciens partenaires. Notamment pour Manu Petit, mon grand cheval fou à la crinière blonde qui m'appelle toujours petit bison… Ah, Manu, l'écorché vif de France 98, l'homme en colère parfois. Avec Lilian Thuram, nous avions de longues conversations après le déjeuner. On abordait tous les sujets, vraiment tous… Et ça pouvait partir en vrille très vite. Manu me faisait rire aussi avec sa longue préparation pour mettre en place ses cheveux avant les matches. Un vrai spectacle d'une heure ou presque. Sur le terrain, il était l'homme qui protégeait mon couloir gauche quand je montais. Je savais que je pouvais compter sur lui à 200 %. Il était le poumon de notre milieu de terrain. Manu a réalisé une Coupe du monde grandiose. Comme l'a souligné Aimé Jacquet, il a été le meilleur contre le Brésil avec un certain ZZ. Pour un milieu de terrain défensif, réussir une passe décisive puis marquer le troisième but sur une chevauchée fantastique en finale de la Coupe du monde, c'est tout simplement exceptionnel. Il s'est par moments éloigné de France 98, mais je suis content d'avoir contribué à le faire revenir. Manu s'est lui aussi reconverti dans les médias. Il travaille pour RMC.

Je ne supporte pas le mépris de certains au sujet de Stéphane Guivarc'h. J'entends qu'il a été retenu dans ce groupe par défaut. C'est irrespectueux. Stéphane venait de terminer deux fois meilleur buteur du Championnat de France. D'accord, il n'a pas marqué pendant ce Mondial, mais on oublie un peu vite qu'il s'est blessé lors du premier match contre l'Afrique du Sud. Je me souviens des efforts qu'il a consentis pour revenir, l'énergie qu'il a dépensée sur le front de l'attaque au nom de l'indispensable travail collectif... Après avoir fait partie du staff technique de l'équipe qui l'avait révélé, l'En Avant Guingamp, Stéphane s'est rapproché du petit club de Trégunc dont il est devenu entraîneur puis dirigeant. Parallèlement à cette activité bénévole, il est devenu commercial dans une société de piscine. Il a basculé dans une vie simple tout en restant fidèle à ses terres bretonnes.

Le débat en légitimité, Christophe Dugarry en a souffert lui aussi pour d'autres raisons. Les sous-entendus au sujet de sa sélection par copinage avec Zinédine Zidane étaient infondés et injustes. Je connais très bien l'homme et le joueur : Duga était en équipe de France parce qu'il était très doué, l'un des plus grands talents français. Il avait tout pour lui : une super-technique, le sens de la créativité, la rapidité et un physique imposant. Si Duga avait juste été plus discipliné, plus sérieux dans sa préparation, il aurait réussi à s'imposer dans les plus grands clubs européens, j'en suis convaincu. Jeune, il n'avait rien à envier à Zizou techniquement, mais ce qui a fait la grande différence sur la durée entre les deux, c'est cette force mentale et cette détermination incroyable qui habitaient Zizou et qui lui ont permis de devenir l'un des plus grands joueurs de l'histoire. Duga n'était sûrement pas prêt à tous ces sacrifices.

Il aimait trop la vie. Sa reconversion dans les médias, sur Canal+ au début, puis sur RMC désormais, est remarquable. Son émission, *Team Duga*, porte même son nom.

Christian Karembeu est un homme d'une grande douceur, très attaché à ses racines néo-calédoniennes. Nous avons pu nous en rendre compte, quand il avait invité toute l'équipe de 98 pour son jubilé à Nouméa, au mois de mai 2008. Quel souvenir ! Sa terre, sa culture, ses origines. Sur son île, Christian n'est plus le champion du monde, c'est d'abord un enfant de Nouvelle-Calédonie, habité par les codes d'une culture ancestrale, par le respect sans bornes des anciens. Je me souviens des cérémoniaux de bienvenue, très solennels, des traditions qu'il respectait à la lettre. Son rapport à la nature est également singulier. Christian peut parler aux arbres, aux fleurs. Il est mystique et ça ne me laisse pas indifférent. J'aime l'idée d'une puissance divine dans la nature, d'un dieu de la mer, de la forêt, de la montagne. Avec son sens du collectif, Christian s'est mis au service de l'équipe de France. Sa polyvalence l'a conduit à suppléer parfois Lilian Thuram sur le côté droit de la défense. Mais c'est au milieu qu'il s'exprimait le mieux. À côté de Didier Deschamps, le maître tacticien, et avec Emmanuel Petit, il était l'autre poumon de l'équipe. Son abattage était énorme. Si nous avons été aussi imperméables défensivement, si nous avons été la meilleure défense du monde, c'est parce que nous étions protégés par ce milieu-là.

Comme avec Christian, il était impossible de se fâcher avec Robert Pirès. C'était un vrai gentil, d'une humeur toujours égale. Il l'est resté. Robert est ambassadeur pour Arsenal et consultant pour BeIn. Était-il trop gentil, à l'époque ? Sans doute. Il fallait le bousculer parfois. On doit à sa timidité la fameuse déclaration d'Aimé Jacquet, « Muscle ton jeu, Robert », devant les autres attaquants dans le vestiaire de Clairefontaine et la caméra de Stéphane Meunier, l'auteur du film *Les Yeux dans les Bleus*. Robert a fini par muscler son jeu. Le grand public s'en est rendu compte lors de la finale de l'Euro 2000 quand il a débordé sur l'aile gauche pour servir sur un plateau le but de la victoire à David Trezeguet.

Ah, Trezegol... Je le revois débarquer dans le groupe sur la pointe des pieds, au début de l'année 1998. Sur les terrains d'entraînement de Clairefontaine, nous avons vite compris pourquoi Aimé Jacquet avait convoqué ce gamin de 20 ans, qui commençait à peine sa carrière à Monaco. C'est simple, avec Youri Djorkaeff, David s'est tout de suite imposé comme le plus adroit devant le but adverse. Il pouvait disparaître d'un match et marquer le but décisif. David restera à jamais comme le buteur en or de la finale de l'Euro. C'était un attaquant de surface. Je l'ai toujours trouvé très complémentaire de Thierry Henry et j'ai eu du mal à comprendre pourquoi il a été passé de mode avant l'heure chez les Bleus, d'autant qu'il a continué à enfiler les buts avec la Juventus, dont il est devenu l'un des ambassadeurs.

Plus le niveau s'élève et plus il est difficile de faire sa place dans une équipe. Cela requiert de la finesse, de l'humilité, de l'intelligence. Joyau de l'Inter Milan, Youri Djorkaeff n'était pas surnommé « The Snake » par hasard. Youri a été pour notre génération ce qu'Alain Giresse a été pour celle de Michel Platini en 1982-1986. Un élément essentiel, à la frappe chirurgicale et à la technique soyeuse, dont l'importance a un peu été éclipsée par Zinédine Zidane. On a souvent voulu opposer Youri et Zizou alors qu'ils étaient parfaitement complémentaires et au service de l'équipe, l'un et l'autre. Youri n'a jamais cherché à faire le match avec Zizou. Il s'est adapté à son talent, a trouvé sa place dans le schéma offensif. Je lui suis reconnaissant de m'avoir permis de marquer un but en phase finale d'une Coupe du monde contre l'Arabie Saoudite grâce à une jolie talonnade. Marquer un but en Coupe du monde, c'est aussi un petit souvenir qu'on n'oublie pas. Youri s'était installé à New York à la fin de sa carrière. Il est revenu en Europe et vit à Londres désormais. La Ligue de football professionnel a eu la bonne idée de lui demander de devenir l'un de ses ambassadeurs à l'international.

Dans le genre globe-trotter, Marcel Desailly est un ovni. Marcel est devenu consultant pour BeIn Sports en France, mais c'est un pigeon voyageur. Avec lui, c'est comme avec Christian Karembeu, il est difficile de les situer sur la planète et de fixer un rendez-vous. Quand il n'est pas au Ghana ou à Paris, Marcel parcourt le monde. Durant sa carrière, il s'est construit l'image d'un « footballeur businessman » distant, loin de l'image du coéquipier boute-en-train, que nous connaissions une fois les portes du château de Clairefontaine refermées. Il a fait son coming out sur Twitter et les réseaux sociaux en 2015. Quand j'ai découvert sa première vidéo, entendu son rire, j'ai éclaté de rire, moi aussi. Autant Marcel peut être drôle dans la vie, autant sur le terrain, il n'est plus du tout du genre à blaguer. Il a réalisé une Coupe du monde 1998 époustouflante, impressionnant d'agressivité dans les duels et le combat. Quand il découpait un attaquant adverse, ça galvanisait ses partenaires et effrayait le camp d'en face. Si nous étions si forts défensivement, c'est grâce à l'entraide qui unissait les quatre défenseurs. Marcel était ma deuxième lame. Et inversement. Nous nous couvrions mutuellement. Nous avions créé une vraie complicité sur le terrain.

Aux côtés du « Roc » Marcel, Laurent Blanc était la tour de contrôle de notre défense. Sa première relance était précieuse grâce à sa technique délicate, celle d'un ancien numéro 10 à qui l'on a demandé de reculer de deux crans. Il pouvait aussi contre-attaquer plein axe et transpercer les lignes à condition que Lilian ou moi ne partions pas à l'abordage sur notre aile. Ça nécessitait une bonne synchronisation. Sur le but en or contre le Paraguay, en huitième de finale, il fut le héros de la soirée, ça nous a bien aidés. C'est lui aussi qui était chargé de l'alignement, de la bonne coordination pour faire remonter ou reculer la défense. Sa taille a souvent été d'un précieux secours à l'équipe dans le jeu aérien. Mais il n'était pas un défenseur de duels comme pouvait l'être Marcel. Grâce à son excellente lecture du jeu, son sens de l'anticipation, Laurent arrivait toujours à couper les attaques adverses. Son expulsion contre la Croatie fut une frustration terrible pour lui, mais, pudique, il ne montra rien de ses sentiments. Il était calme, rassurant, comme Didier Deschamps, avec qui il était un leader écouté du groupe. Pas étonnant, on le verra un peu plus loin dans cet ouvrage, qu'il ait rapidement connu la réussite, une fois devenu entraîneur.

La remarque vaut également pour Didier Deschamps. Son importance, c'est en son absence qu'on la mesurait le mieux. L'équipe était alors moins équilibrée, organisée. Didier était un capitaine qui savait mettre de l'ordre dans le jeu et dans les têtes. En bon chef d'orchestre, il assurait l'équilibre idéal entre l'attaque et la défense, pour que l'équipe ne se retrouve jamais en infériorité numérique à la perte du ballon. Didier était également un récupérateur infatigable, capable de faire des petites fautes tactiques afin de freiner la progression de l'adversaire. Il a toujours fait passer l'intérêt du collectif avant son égo. C'est une qualité rare de savoir ne pas se prendre pour un autre. Didier savait que, dans l'utilisation du ballon, ZZ était le meilleur. Ça ne lui posait aucun problème de l'admettre. À nous non plus d'ailleurs. En capitaine intelligent, DD a su composer avec le caractère des uns et des autres, adapter son langage à la personnalité de ses partenaires. Son intelligence des situations lui permettait de sentir les tensions et de les déminer. Il a tenu auprès d'Aimé Jacquet un rôle essentiel. Il était un relais, capable de lui faire passer des messages tout en respectant ses coéquipiers. Grâce à ses indications, Aimé pouvait sentir au mieux le pouls de l'équipe. Entre Didier et moi, c'est une vieille histoire, celle de deux Basques devenus champions du monde de foot. Il avait un an de plus, jouait à l'Aviron bayonnais, moi aux Églantins d'Hendaye. Chaque fois, il gagnait. Ça lui fait plaisir de me le rappeler. Moi, ce qui me fait plaisir, c'est de rappeler qu'à 13 ans, il faisait deux têtes de plus que tout le monde. Il n'a plus bougé par la suite. Même taille, même tête qu'aujourd'hui ou presque. Blague à part, il a toujours été en avance dans sa façon de jouer, très soucieux de l'organisation de l'équipe et de la tactique. Sa maturité précoce a fait de lui un leader naturel, sans jamais rien forcer.

La grande leçon de 1998, c'est qu'une équipe peut aller très loin quand elle avance unie. L'une des problématiques essentielles pour un entraîneur dans une grande compétition, c'est d'entretenir un état d'esprit positif, notamment avec les joueurs appelés à moins jouer. Bernard Lama a perdu sa place de titulaire au profit de Fabien Barthez quelques mois après l'Euro 1996. Il n'a pas forcément bien vécu son rôle de doublure, mais il a toujours bien joué son rôle de grand frère par ses prises de parole. Et il a su faire passer l'intérêt du groupe avant le sien. Bernard est retourné vivre en Guyane française. Il a créé Dilo en 2012, une société qui exploite une source d'eau minérale. Son court passage sur le banc de la sélection kényane en 2006 ne l'a pas découragé du foot. Avec Patrick Vieira et Jimmy Adjovi-Boco, son ancien partenaire à Lens, Bernard a créé Diambars en 2003, dont le but est de former des joueurs mais aussi des hommes. Un premier institut avait été créé à Saly, au Sénégal. Depuis Diambars a continué à se développer.

Alain Boghossian avait un état d'esprit tellement positif, toujours prêt à donner le meilleur de lui-même quand Aimé Jacquet faisait appel à ses services, qu'on a retenu de lui qu'il était le remplaçant idéal. C'est tellement réducteur… Je n'oublie pas qu'il avait été le premier à entrer en finale contre le Brésil quand il s'agissait de ferrailler pour conserver notre avance. Alain a atteint un niveau incroyable au golf, mais son seul objectif, aujourd'hui, c'est de devenir entraîneur de foot. J'aimerais qu'un club lui donne sa chance, comme à Lionel Charbonnier, également titulaire du diplôme requis.

Lionel aussi a d'autres passions. À la Coupe du monde, je me souviens qu'il n'arrêtait pas de nous saouler avec ses chevaux. Comme beaucoup de gardiens, il était un peu fou mais c'était un supercompagnon de route et j'aimais sa folie. Quel enthousiasme communicatif ! En 1998, il occupait le rôle le plus ingrat, celui de troisième gardien. Son implication était incroyable. Des images le montrent sur le banc en train d'encourager l'équipe, s'en prendre à l'arbitre ou aux adversaires. Il a vécu tous les matches comme s'il les avait joués et fut le premier à aller étreindre Fabien Barthez après le coup de sifflet final.

Vincent Candela a toujours eu une attitude irréprochable, lui aussi. Il a réalisé une grande carrière à la Roma, où il est resté huit saisons et a été sacré champion d'Italie en 2001. Avant d'être l'initiateur d'*I will survive*, c'était avant tout un excellent technicien. Sa particularité : être un droitier et jouer au poste d'arrière-gauche. Vincent a toujours répondu présent quand Aimé Jacquet faisait appel à lui. Il avait une bonne humeur contagieuse. Avec Christophe Dugarry, ils étaient très complices et formaient un duo de fous furieux, qui animait nos longues journées.

Oui, il y avait de la vie dans cette équipe de France composée d'anciens et de jeunes. J'ai évoqué Thierry

Henry et David Trezeguet. Je n'oublie pas Patrick Vieira, un jeune homme timide et humble à l'époque. Sa course dans le temps additionnel de la finale sur le troisième but et sa passe de l'intérieur du pied droit à Emmanuel Petit sont ancrées dans l'histoire. Il était encore peu expérimenté en 1998, mais cette action a marqué les prémices d'une immense carrière internationale. Patrick compte 107 sélections. Avec Lilian Thuram (142), Thierry Henry (123), Marcel Desailly (116), Zinédine Zidane (108) et Didier Deschamps (103), Patrick fait partie du club fermé des centenaires. Quand je vois ça, je me demande pourquoi avec Lolo Blanc, nous avons bloqué nos compteurs à 97. Peut-être la peur d'être centenaire, justement... Patrick a fait ses débuts comme entraîneur au New York City FC. Mais je ne serais pas étonné qu'il revienne très vite en Europe.

Si cette équipe a marqué les esprits et le cœur du public, le grand mérite en revient d'abord à son architecte, son guide, que j'avais eu la chance de rencontrer au tout début de ma carrière, alors que j'évoluais encore comme attaquant aux Girondins de Bordeaux. Aimé Jacquet était alors un monument de la grande époque des Girondins, symbolisée par Alain Giresse, son maître à jouer, et Claude Bez, son président. Dans cette incroyable épopée, Aimé restera le bouc émissaire de l'avant-98. Pourtant, dès l'Euro 1996, il a toujours su où il allait, il savait que la construction de son groupe passerait par des étapes compliquées. Certains observateurs se sont inquiétés sans savoir, ils trouvaient que nous ne jouions pas assez bien alors que nous étions en rodage. Ils avaient l'impression, aussi, que le discours de notre sélectionneur ne passait pas, manquait de consistance, n'était pas en rapport avec l'événement immense en France. Ils l'ont parfois exprimé avec des mots très durs. Aimé a été très marqué par ces critiques, nous l'avons su plus tard. Pendant la préparation et pendant le tournoi, il a tout gardé pour lui, concentré sur son groupe, son objectif. Son discours a toujours été extrêmement clair et positif. Jamais il ne s'est servi de l'animosité de certains médias pour nous motiver, comme certains entraîneurs le font parfois pour fédérer leur groupe. Il n'avait pas besoin de ça. Pour nous, Aimé Jacquet restera « Dieu », comme l'appelle Didier Deschamps. Aimé, ce sont des mots simples, forts, précis, c'est un discours de vérité, de la confiance accordée en toutes circonstances à ceux qu'il a choisis. Il disait ce qu'il faisait et faisait ce qu'il disait. On pouvait aller à la guerre avec lui. C'est le plus important. Il n'y a pas eu 50 000 entraîneurs pour qui j'aurais été prêt à sacrifier mon corps. Aimé en a fait partie. Pourquoi ? Pour sa justesse, son honnêteté, sa simplicité dans un métier qui ne l'est pas. Je le répète, il a dû faire des choix difficiles. Il a construit un groupe, en visionnaire. J'ai un respect sans bornes pour lui. Il m'a tendu la main à l'automne 1997, quand j'ai traversé la pire période de ma vie professionnelle à cause d'une pubalgie. Je lui ai rendu sa confiance, et il ne l'a pas regretté. J'avais signé avec lui un pacte sacré. Aimé vit désormais à Annecy, mais nous retrouve quand nous nous réunissons. J'aime bien connaître son point de vue sur l'actualité du foot. Les grands principes de notre sport n'ont pas changé et son bon sens est toujours le bienvenu. Dans le concert parfois un peu dissonant du ballon rond, sa voix, sa sagesse manquent. Il faut faire perdurer ses valeurs. Aimé Jacquet, c'est une belle leçon d'humilité pour le monde des médias, particulièrement pour certains journalistes qui l'ont « défoncé » gratuitement et qui, je l'espère, se sentent encore un peu merdeux vingt ans après…

Zizou

Désormais, l'envie de jouer ne me titille vraiment que lorsque je sais que Zinédine Zidane répondra présent. Deux décennies se sont écoulées et l'excitation est toujours la même pour moi à l'idée d'avoir la chance de redevenir son coéquipier. Quand il joue, je suis comme un « chien fou ». Je ne vais plus aussi vite, mais je ne m'en rends même plus compte, aveuglé par l'envie de dévorer mon couloir pour réceptionner le ballon qu'il m'aura remis pile au bon endroit. Cette sensation grisante, je me souviens l'avoir encore ressentie à Toulouse lors d'une rencontre caritative en faveur de l'association de Pascal Olmeta. Ce 11 juillet 2017, nous avions rendez-vous à Ernest-Wallon, l'antre des rugbymen, pour une rencontre un peu spéciale, avec une mi-temps de foot puis une autre de rugby. Je revenais le jour même d'un beau voyage en famille en Islande et je n'avais pas dormi de la nuit. Je n'avais pas vu Zizou depuis un bon bout de temps. Nous avons profité de l'échauffement pour refaire le monde. Quand le coup d'envoi a été donné, j'ai oublié la fatigue, j'ai eu l'impression de retourner en arrière. Quand je lui donne le ballon, je vais moins vite mais il l'a intégré et le ballon arrive toujours dans le bon timing. J'enchaîne les allers-retours sur mon côté gauche jusqu'à ce que je sois arrêté net par une pointe à la cuisse droite. Fin de match pour moi et petit rappel que ce n'est plus exactement comme avant... Cette complicité est fabuleuse, jouissive même. Du temps de Bordeaux, elle était même plus large, puisqu'elle fonctionnait aussi dans le trio que nous formions avec Christophe Dugarry. Nous nous trouvions les yeux fermés. On nous appelait le « trio magique » aux Girondins. C'est très rare de ressentir cette plénitude. Je l'ai partagée aussi avec un autre milieu de terrain, le Danois Jesper Olsen aux Girondins. Nous étions interchangeables. Quand l'un prenait le couloir, l'autre restait en couverture. Nous étions alternativement arrière latéral ou ailier gauche. Nos adversaires directs ne savaient plus trop où donner de la tête. J'aurais aimé jouer avec lui plus longtemps. Si le temps passe, les automatismes restent. Avec Zizou, le foot a toujours été un jeu, jamais je n'ai eu la sensation, quand il était à mes côtés, de courir dans le vide, de faire une course pour rien. Zinédine vit à Madrid, mais il est resté une icône en France, le plus populaire d'entre nous. En règle générale, les très grands joueurs privilégient l'action individuelle car ils se sentent forts, donc capables de faire la différence seuls. Zizou, c'est le contraire, il aime faire jouer les autres, je peux en témoigner. Encore aujourd'hui, si je fais la course et que le jeu réclame qu'il me transmette la balle, je suis certain qu'elle arrivera dans des conditions optimales. Avec lui, l'effort pour rien n'existe pas. Il continue de m'impressionner. Son immense détermination est restée intacte. On a souvent mis en avant sa technique, divine, sa lecture du jeu au laser. Zizou, c'est aussi un très grand professionnel. S'il a accompli cette carrière, ce n'est pas seulement grâce à ses pieds magiques, mais à la discipline qu'il s'est imposée et qu'il continue de s'imposer. Sur le plan diététique notamment. Quand nous jouons, les spectateurs éprouvent de l'admiration à notre endroit, de la fascination envers Zizou. Ils attendent toujours son passement de jambes, sa roulette. Ce n'est pas évident à gérer avec le temps qui passe. Je me souviens de Diego Maradona, en surpoids, se traîner sur un terrain dans des matchs d'anciens. C'est triste, un champion à la ramasse. Zizou, lui, est toujours incroyablement affûté. C'est tout à son honneur. Depuis notre aventure commune aux Girondins de Bordeaux, qu'il avait rejoints en 1992 et qu'il quittera, comme moi, en 1996, Zizou et moi sommes toujours resté proches. Il m'épate chaque jour un peu plus. Joueur, il figurait dans la liste des très grands champions. Il fait déjà partie de celle des grands managers. Sur le terrain, c'était un leader technique. En dehors, je me souviens du Zizou introverti. Ce Zizou-là a dû évoluer pour embrasser sa nouvelle carrière.

Un entraîneur est obligé de s'ouvrir, que ce soit devant ses joueurs pour leur expliquer ses plans, ou devant les représentants de la presse pour commenter les performances de son équipe. Zizou n'occupe pas n'importe quelle place d'entraîneur. C'est l'une des plus prestigieuses de la planète. Tous les projecteurs sont braqués sur le Real Madrid. Son vestiaire est peuplé de grands joueurs, avec des égos à la mesure de leur talent. Le moindre écart ne peut pas passer inaperçu. Zizou a pour le moment évité toutes les embûches avec une maestria bluffante. Son humilité est déroutante.

Il n'a pas besoin de se servir de son CV de joueur pour convaincre. Il pourrait être blasé de sa réussite. C'est tout le contraire. Il s'émerveille quand ses joueurs brillent, grandissent, comme Isco ou Asensio. Il a su trouver les mots pour expliquer à Cristiano Ronaldo qu'en jouant un petit peu moins, il pourrait être meilleur lors des grands rendez-vous.

La charge des responsabilités, la pression du résultat… En épousant ce métier, un entraîneur accepte de vieillir plus vite que le commun des mortels. Zizou, lui, dégage une sérénité époustouflante, comme Pep Guardiola, ce qui est extrêmement rare. Souvenons-nous de sa première finale de Ligue des champions en tant que coach, au printemps 2016, contre le voisin madrilène de l'Atlético. À l'issue d'un match tendu, les deux formations ne parviennent pas à se départager. Dans l'épreuve des tirs au but où il s'agit d'abord de vaincre ses nerfs et d'optimiser sa concentration, Zizou va jouer un rôle prépondérant en transmettant sa confiance à ses tireurs. Sur son visage, j'ai lu la tranquillité de l'immense joueur qui n'avait jamais tremblé dans les grands moments, qui avait signé un doublé en finale de la Coupe du monde 1998, qui avait marqué d'une reprise de volée du gauche en finale de la Champion's League 2002, qui avait été capable de tenter et de réussir un penalty façon Panenka en finale de la Coupe du monde contre l'Italie en 2006. Dans un moment où la tension est à son paroxysme, le sourire qu'il partage avec Cristiano Ronaldo restera comme l'une des images fortes de cette soirée. Le sourire n'est pas l'ennemi de la détermination. Au contraire, il peut la renforcer.

À titre personnel, je sais le réconfort que peut procurer un petit mot rassurant en des circonstances aussi propices au stress. Avec le Bayern Munich, nous ne parvenons pas à nous défaire de Valence lors de la finale de la Ligue des champions 2001. Arrivent les tirs au but. Nous sommes toujours à égalité quand les cinq premiers tireurs de chaque camp ont frappé. Me voilà donc convoqué pour un duel avec Santiago Cañizares, le gardien valencien. À Bordeaux et en équipe de France, j'étais souvent désigné pour frapper les penaltys. J'en ai marqué dix-sept au total. Mais j'en ai raté un, en quart de finale de la Coupe du monde 1998, contre l'Italie. Je n'ai plus jamais tiré un seul penalty depuis ce jour-là, que ce soit en compétition ou à l'entraînement… J'ai évoqué ce souvenir douloureux sur la pelouse de San Siro, à Milan, théâtre de la finale, avec Uli Hoeness. « Et alors, il n'y a pas de problème. C'est du passé. J'ai confiance en toi, tu vas marquer. » La sérénité et la détermination de l'ancien grand buteur et du grand dirigeant ont chassé l'appréhension qui aurait pu me rappeler ce mauvais souvenir et me paralyser devant le but. J'ai frappé de toutes mes forces, j'ai pris Cañizares à contre-pied, et j'ai marqué. Pour le Bayern d'abord. J'ai néanmoins vécu ce but comme un compte personnel à régler après le penalty manqué en Bleu, une tentative ratée sans conséquences mais qui m'était toujours restée en travers de la gorge. Pour gagner un grand match, une finale, il faut pouvoir rester le plus détendu possible. La motivation vient d'elle-même. Pas besoin d'en rajouter. Les discours guerriers dans les vestiaires, c'est caricatural, juste bon pour les vidéos sur Instagram ou les superproductions hollywoodiennes. La réalité est beaucoup plus fine. L'immense carrière de Zizou l'aide probablement à conserver un calme olympien en toutes circonstances. Je suis à peu près certain de ne pas me tromper en affirmant qu'il n'a pas fini de nous surprendre quand bien même la saison 2017-2018 est plus difficile pour lui que ses deux premières sur le banc du Real.

Plaidoyer pour le football

C'était il y a douze ans. Et pourtant, je me souviens du 13 mai 2006 comme si c'était hier. Ce samedi-là, le ciel bavarois était dégagé, les tribunes de l'Allianz Arena, joyeuses et pleines à craquer. Tout était réuni pour une dernière fête avec le Bayern Munich. Huit jours plus tôt, en allant partager les points à Kaiserslautern, nous nous étions assurés du gain du Meisterschale, le vingtième titre de champion d'Allemagne de l'histoire du club. Depuis plusieurs semaines déjà, je savais que cette ligne-là, la vingt-troisième sur mon palmarès, serait la dernière. J'avais décidé de tirer un trait sur ma carrière pour passer à une nouvelle étape de ma vie. Si je me suis un peu éloigné des terrains pour m'adonner à d'autres passions, m'ouvrir à d'autres activités qui me tenaient à cœur, je suis resté un observateur averti et un fervent défenseur du football.

Parfois jalousé, parfois moqué, parfois comparé à mauvais compte à d'autres disciplines, le football demeure le sport le plus populaire de la planète. Il le restera pour une raison très simple : c'est le sport dont les règles sont les plus faciles à comprendre, le sport le plus simple, le plus accessible. Ses règles prévoient qu'il doit se jouer à onze contre onze. Mais on peut aussi s'y adonner seul en jonglant ou en faisant des passes contre un mur, avec un ou plusieurs copains sans forcément être vingt-deux. Vous n'avez pas trouvé d'arbitre ? Pas grave : les deux équipes s'arbitreront elles-mêmes.

Les matches de haut niveau se déroulent dans des stades ultramodernes au gazon impeccable, mais le préau d'une cour d'école, la place d'un village ou un carré de sable sur une plage suffisent aux parties les plus acharnées. Il m'est arrivé de jouer en montagne sur un terrain improvisé et pentu. Les buts ne sont même pas indispensables. Quatre morceaux de bois, et l'imagination fait le reste. Les chaussures à crampons ne sont pas incontournables non plus. Dans l'absolu, on peut jouer au foot pieds nus. En termes de coût, d'installations, le foot ne dresse aucune barrière avec ses pratiquants. Pour jouer au golf, il faut de nombreux clubs et des greens. Pour pratiquer le hockey, il faut une patinoire et un lourd équipement de protection, c'est tout de suite beaucoup plus compliqué. À l'école, le foot est l'un des jeux favoris des garçons. Quand j'y conduis ma fille, le matin à 8 h 30, les mômes sont déjà en nage : à quoi jouent-ils ? Pas au hand, pas au rugby, mais au foot. Parfois, une balle de tennis suffit à leur bonheur. Le football est si populaire qu'il s'est décliné pour donner le jour à d'autres disciplines. Le beach soccer, le footy volley, le futsal, l'altinho, etc. Le seul pays où il n'est pas roi, ce sont les États-Unis, mais, en revanche le football féminin y est très développé. Dans le sud de l'Europe, et notamment en France, terre d'accueil de la Coupe du monde 2019, la féminisation est également en marche.

Quand on décrit les excès du foot, l'argent, la médiatisation, la violence aux abords ou dans les stades, on oublie juste un détail important. Ces excès ne s'expriment qu'au sommet de la pyramide, là où les enjeux sont devenus immenses. Le football n'est coupable de rien. Il est seulement victime de son succès, de la passion et de la folie qu'il génère. Le foot est un jeu. Son problème, c'est ce que certains font de lui, parfois. Ce « certains », ce peut être deux bandes rivales se donnant rendez-vous pour régler leurs comptes le jour d'un match. Pas de match, plus de bagarres ? Il faudrait être naïf pour l'envisager. Leur passion pour une équipe leur sert de mobile, le match est leur alibi pour commettre leurs méfaits, la loupe grossissante dont ils ont besoin pour se faire remarquer. Pendant l'Euro 2016, tout Marseille se souvient, le matin du match entre les deux sélections nationales, du passage des « supporters » russes et de leurs violents affrontements avec les Anglais. Ce « certains », ce peut encore être les dirigeants spécialistes de la vente et de la revente des joueurs, qui basent l'économie de leur club sur le trading des jeunes joueurs, en oubliant au passage que le joueur en question, même royalement payé, n'est pas qu'une valeur marchande. Ce « certains », ce peut encore être la folie, la démesure, qui s'empare de jeunes talents au premier virement sur leur compte en banque d'une somme à six chiffres, alors qu'ils vivaient péniblement du SMIC quelques mois plus tôt. Mais une rockstar n'est-elle pas confrontée au même souci ?

Et le foot dans tout ça ? Il est pris en otage au nom de sa très forte popularité. Une étude réalisée par l'agence Pressedd portant sur les personnalités les plus médiatisées, en France, en 2017, nous enseigne que le football occupe à lui seul 10 % de l'ensemble de l'espace médiatique. Parmi les 20 premiers au classement, on retrouve 17 personnalités politiques et 3 footballeurs : Kylian Mbappé, Neymar et Didier Deschamps. Ils seront bien plus nombreux en 2018, avec la Coupe du monde en ligne de mire.

Il y a encore quelques années, on opposait le football et le rugby. D'un côté, les sales gosses avec un ballon rond, de l'autre, les enfants bien éduqués dans les valeurs de l'ovalie. D'un côté, le sport vertueux, de l'autre, les dérapages constants. Depuis que le rugby s'est professionnalisé, ses joueurs stoppent leurs études plus tôt, il y a moins d'universitaires dans les mêlées. Je me souviens qu'on m'assimilait à un rugbyman en raison de mes origines basques et des études que j'avais suivies à la fac. Mon parcours était atypique dans l'univers du foot, il ne serait pas banal non plus aujourd'hui dans le rugby. Au rugby, les enjeux sont en passe de gommer certains de ses fondamentaux. Guy Novès est devenu le premier sélectionneur de l'histoire du XV de France à être démis de ses fonctions avant le terme de son mandat. Pareille décision était inimaginable il y a quelque temps. On peut considérer que la réalité du rugby en 2018 correspond à celle du foot au début du siècle.

Les rugbymen reproduisant les mêmes schémas que les footballeurs, c'est désormais le handball qui est érigé en modèle. Si sa médiatisation et ses revenus viennent à se décupler, le handball sera confronté aux mêmes dégâts. De grâce donc, ne confondons pas le football et l'exploitation qui en est faite, ne crachons pas gratuitement sur ce sport magnifique, noble, rassembleur, qui requiert des qualités de vitesse, d'endurance, de détente, de l'intelligence, de la combativité et de la solidarité. Les scénarios d'un match proposent parfois des bouleversements totalement inattendus, ils procurent des émotions d'une intensité rare.

Le football est critiqué. Il est à la mode, pourtant. Avant notre victoire en finale de la Coupe du monde 1998, il était considéré comme l'opium de la classe populaire. Désormais, l'équipe de France se produit dans des enceintes de 80 000 places, qui font souvent le plein. Plus aucun spectateur n'a honte, quel que soit son niveau socio-professionnel, de s'afficher dans les tribunes. Avouer son penchant pour une équipe, comme le président Emmanuel Macron pour l'Olympique de Marseille, ou Nicolas Sarkozy pour le PSG, n'est plus tabou. Néanmoins, la France n'est pas encore un pays sportif. C'est mon sentiment après avoir vécu plusieurs années à l'étranger. J'ai la sensation qu'une médaille, un titre revêtent plus d'importance dans la société allemande que dans la société française. La passion pour le sport me semblait plus forte en Allemagne que chez nous. En France, on se passionne pour les grands événements, le vélo lors du Tour de France, le tennis pendant Roland-Garros, le football à l'approche de la Coupe du monde ou des finales des compétitions en mai. Mais la passion n'est pas folle au point que chaque événement remplisse les stades. C'est un constat, pas un regret. En France, l'art et la culture sont plus valorisés que chez certains de nos voisins. Ils s'inscrivent dans l'ADN de notre pays. C'est une bonne chose à partir du moment où les sportifs trouvent leur place et ne sont plus pris de haut ou méprisés, comme par le passé. Un sportif n'a-t-il pas autant de mérite à exceller dans sa discipline qu'un pianiste à briller devant son clavier, ou un peintre devant sa toile ? Son talent n'est pas donné au premier venu. Allez, j'arrête là mon plaidoyer. Vous l'avez compris, j'adore le foot. Ce que je suis devenu, c'est au foot que je le dois. Je suis d'accord, néanmoins, pour admettre qu'il n'y a pas que le foot dans la vie. Il est des enjeux nettement plus importants que le résultat d'un match. Notre planète est en danger dans l'indifférence quasi générale. Nous avons de plus en plus de mal à vivre ensemble, à communiquer. Franchement, à choisir, il vaut mieux voir la terre tourner rond qu'un ballon de foot. Je sais aussi que le foot peut servir d'échappatoire, que c'est un bon exutoire. Mais faisons en sorte qu'il reste une activité ludique, légère et, surtout, joyeuse.

Football sans frontières

Clubs et sélections. Le football a intérêt à continuer à vivre dans l'heureuse dualité de ses pratiques. Pour avoir eu le privilège de vivre des émotions d'une incroyable intensité avec Bordeaux et le Bayern, mais aussi avec les Bleus, je souhaite à tous les joueurs de continuer à avoir accès à ces deux sources de bonheur. La Ligue des champions est la compétition la plus prestigieuse, la plus excitante, réservée aux clubs. Mais elle a lieu tous les ans. Passer à côté d'une édition n'est rien comparé au fait de louper un Mondial, qui a lieu tous les quatre ans. La rareté d'une épreuve contribue à sa valeur. Participer à une Coupe du monde est un rêve, la remporter c'est entrer dans la légende.

Les sélections nationales sont-elles en danger ? Quand on se souvient du calendrier de la phase de qualification pour la Coupe du monde 2018 réservé à l'équipe de France, avec un déplacement en Suède le 9 juin 2017, tout au bout d'une longue saison, et la réception des Pays-Bas à la fin du mois d'août suivant avec des joueurs encore en rodage, la question mérite d'être posée. Quel que soit le bout par lequel on le prend, le problème est toujours d'ordre financier. Dès lors, il convient de trouver un juste équilibre entre les aspects économiques et le sportif. Même s'ils sont dédommagés en cas de blessures pendant les rassemblements internationaux, les clubs règlent les salaires des joueurs et veulent les rentabiliser en participant au plus de matches possible. Les sélections rétorquent que les joueurs prennent de la valeur quand ils sont retenus. Le calendrier est trop chargé. En France, le débat sur l'intérêt de la Coupe de la Ligue fleurit à peu près chaque année à l'automne. Cette compétition n'est pas indispensable. Elle est même en trop pour les internationaux.

Autre piste à étudier sans esprit partisan mais en pensant d'abord à la compétitivité de notre football sur la scène internationale : la réduction du nombre de clubs parmi l'élite. Une Ligue 1 à dix-huit plutôt qu'à vingt, je suis pour. Il faut faire attention à ce que les charges d'entraînement et de compétition soient assimilables. Les temps de récupération sont compressés alors qu'ils devraient être incompressibles. Effectuer soixante matches par saison pendant dix ans, c'est impossible. Les entraîneurs ont raison de tirer la sonnette d'alarme. Ils doivent aussi poursuivre leur réflexion et se concentrer sur les leviers à leur disposition. Une piste mériterait d'être explorée : fixer un quota maximal de matches par saison et par joueur. Dans la plupart des cas, les effectifs sont assez larges pour mettre en place cette mesure.

L'élaboration du calendrier n'a pas fini de donner des nœuds au cerveau de ceux qui s'en occupent. En 2022, pour que la Coupe du monde puisse avoir lieu au Qatar, conformément aux engagements de la FIFA, elle a été programmée à la fin plutôt qu'en milieu d'année.

Ce choix me laisse sceptique, et pas seulement pour le remaniement calendaire qu'il impose. Les conditions d'attribution ne semblent pas très nettes. Mais c'est surtout la passion totalement artificielle qui s'annonce qui pose problème. Je me faisais une joie d'aller en Afrique du Sud vivre une première Coupe du monde sur un continent dingue de ballon rond, d'aller au Brésil où le foot est roi, ou en Russie, cet immense pays qui n'a jamais eu l'occasion de faire partager sa culture avec la communauté mondiale du foot. En revanche, un retour en Afrique semble s'imposer, au Maroc par exemple, pour y vivre la ferveur d'un Mondial, et le rendez-vous de 2022 m'attire moyennement. Le Qatar a lancé des OPA sur le sport et s'est offert, en quelque sorte, des danseuses – la Coupe du monde 2022 mais aussi le PSG –, pour s'inviter à la table des plus grands et peser dans le concert géopolitique international. Ses dirigeants assument l'idée selon laquelle le sport serait un vecteur de notoriété, de respectabilité, un outil utile à ses relations diplomatiques. Mais la culture sportive de leur pays demeure marginale.

Je ne suis évidemment pas opposé à la conquête de nouveaux territoires par notre ballon rond favori. En Chine, par exemple, l'amour du foot est bien réel et le président chinois, vrai amateur, l'a placé au centre de sa politique sportive. Des académies ont vu le jour. Des entraîneurs du monde entier viennent y apporter leur expertise. La Chine veut former des joueurs performants pour la Coupe du monde qu'elle souhaite organiser un jour. Les clubs sont très actifs sur le marché des transferts et attirent les meilleurs joyaux de la planète. Leurs investissements sont colossaux, l'attente aussi et les meilleurs clubs européens sont partis à la conquête de ce gigantesque marché. La Chine leur ouvre des portes, mais, en contrepartie, elle demande un accès à leur savoir-faire. Sur presque 1,4 milliard d'habitants, plus de 300 millions sont fans de foot. Ces fans supportent leur équipe locale, mais se passionnent aussi pour les ténors européens.

Dès lors, ils deviennent, eux aussi, les cibles potentielles de leur politique de merchandising, de leur communication désormais mondiale et du développement de leurs fan-clubs. En fin ou en début de saison, les ténors organisent des tournées lucratives en Asie. Beaucoup de clubs, de ligues nationales, de fédérations ont ouvert un bureau en Chine pour y faire prospérer leurs affaires. C'est le cas de la FFF et de la LFP, mais d'aucun club français, même si le PSG, en achetant Neymar, s'est offert une publicité en or dans ces contrées nouvelles. Quand on cherche à comprendre pourquoi Nantes, Saint-Étienne ou Bordeaux ne parviennent plus à suivre les meilleurs en France après avoir été nos meilleurs représentants sur la scène européenne, faut-il aller chercher beaucoup plus loin ? Ces trois clubs étaient de grandes marques en France dans les années 70, 80 et 90. Ils tenaient tête alors aux ténors européens. Ils n'ont pas pu ou su s'exporter à l'international ces dernières années et restent uniquement reconnus dans leur pays. Si bien que, désormais, un gouffre les sépare des grandes puissances du Vieux Continent, devenues des marques mondiales. En 2016, le Bayern m'a proposé de devenir un de ses ambassadeurs et de le représenter dans le monde entier. Ça répond à une nouvelle stratégie pour le club, une vision plus globale. Quand j'étais joueur, j'avais pu mesurer le poids immense du Bayern en Allemagne. Quand nous devions nous rendre à l'étranger pour disputer des rencontres de Ligue des champions, par exemple, j'avais noté son aura européenne aussi. Que ce soit en Espagne, en Italie, en France, en Angleterre ou dans n'importe quel autre pays européen, nous faisions chaque fois stade comble. La mission à l'international que j'assume désormais m'a permis de constater à quel point la popularité du Bayern dépasse le cadre des frontières allemandes et continentales. Je me suis rendu en Chine, en Inde, en Amérique du Nord, en Thaïlande, à Singapour. Chaque fois, j'ai été amené à m'exprimer, au nom du Bayern, dans les journaux les plus prestigieux de chacun de ces pays, j'ai été reçu avec les honneurs, j'ai pu rencontrer les fans des clubs locaux, participer à des entraînements pour former les jeunes talents et les motiver. Le football a énormément changé depuis dix ans. Tous les grands clubs doivent avoir une vision mondiale de leurs ressources, de leur communication, de leur marketing. C'est un nouveau monde qui s'ouvre, de nouveaux marchés. Maintenant, pour exister sportivement sur la scène européenne en Ligue des champions, il faut faire partie des meilleurs sur la scène économique mondiale, ce qui permet d'avoir les moyens d'acheter les meilleurs joueurs. En Chine, en Asie, voire en Amérique du Nord ou du Sud, et peut-être en Inde demain, une grande bagarre économique est lancée désormais entre les plus grands clubs de la planète. C'est très intéressant de voir cette stratégie se mettre en place. L'enjeu principal, c'est de savoir s'adapter à ce nouveau monde sans perdre ses racines.

Le Bayern est un club reconnu et aimé partout dans le monde. Comme Manchester United, le Real Madrid, le FC Barcelone, la Juventus Turin, Liverpool ou Chelsea, le Bayern n'a pas besoin d'acheter Beckham ou Neymar pour forcer le respect et accroître sa notoriété. Ces clubs-là savent cultiver leur histoire, leur palmarès et en tirer profit à l'international en attirant également des sponsors puissants. Les droits TV colossaux et les recettes permettent de boucler un budget suffisamment solide pour attirer les meilleurs joueurs et rester compétitif. Le risque encouru, c'est d'altérer la passion qui jaillissait des tribunes les jours de match, de perdre en ambiance ce que l'on a gagné en business. C'est ce que commence à constater amèrement l'Angleterre où les gradins d'Old Trafford, de l'Ethiad Stadium ou de l'Emirates sont davantage peuplés de touristes de passage que de fans de toujours, découragés par les tarifs rédhibitoires des places ou des abonnements. Ce phénomène se développe également au Parc des Princes. Les touristes s'y rendent comme ils vont au Louvre ou au Lido. Pour assouvir leur curiosité. Moins de supporters, ça signifie moins de chants, moins de clameurs, moins d'émotions. Je me souviendrai toute ma vie de l'ambiance électrique du stade Chaban-Delmas, quand, avec Bordeaux, nous avions reçu le Milan AC en quart de finale de la Coupe de l'UEFA, en 1996. Si nous sommes parvenus à combler les deux buts de retard de l'aller et à nous qualifier, c'est parce que nous avions eu, ce soir-là, la sensation d'être portés par le public. Quand nous sommes entrés sur le terrain, une heure et demie avant le coup d'envoi, les supporters des Girondins étaient déjà là. Nous avons été plusieurs, à ce moment-là, à ne pas avoir pu retenir nos larmes tant ce qui était en train de se passer dans les tribunes de Lescure était fort. Évoquer le poids d'un public n'est pas de la démagogie à bon compte. Les dirigeants des clubs doivent faire en sorte, à travers leur politique tarifaire, que le football demeure un spectacle populaire et vivant. Oui, les supporters qui chantent apportent plus au foot que le spectateur venu faire un selfie pour immortaliser sa présence.

C’est quoi un grand club ?

La dimension prise par le PSG et Manchester City a fait bouger les lignes, et pas seulement en France ou en Angleterre. Leur montée en puissance soudaine, sous l’impulsion d’un actionnaire richissime, fait également vaciller la hiérarchie européenne. Les puissances légendaires s’agacent, leur suprématie est en danger. Les limites imposées par l’UEFA et son fair-play financier tempèrent à peine l’appétit de ces deux nouveaux riches. Quand ils veulent un joueur, ils se l’offrent, quel que soit son prix. C’est ainsi qu’en août 2017, Neymar est devenu le transfert le plus onéreux de l’histoire en passant de Barcelone à Paris pour 222 millions d’euros. Kylian Mbappé a suivi. Depuis 2011 et la prise de pouvoir des Qataris, le PSG et Manchester City se sont imposés comme les deux clubs les plus actifs sur le marché des transferts. Leur investissement total dépasse le milliard d’euros. Économiquement, ils dominent la cour des grands. Mais sportivement, ce n’est pas encore le cas.

C’est quoi un grand club ? À mes yeux, un grand club se caractérise par une grande et riche histoire, une identité, une philosophie. Le Real Madrid, le Bayern

Munich, le FC Barcelone et d'autres perpétuent ces valeurs sans transiger. Les anciens joueurs y sont considérés comme des serviteurs, des acteurs d'une longue histoire. Quand le Real Madrid a remporté la Ligue des champions avec Carlo Ancelotti en 2014, ses dirigeants ont fait en sorte de nommer ce sacre « la décima », ce qui était une façon intelligente de rendre hommage aux neuf autres qui avaient précédé. À aucun moment, ils n'ont cherché à effacer le passé. Jamais Florentino Pérez, le boss du club madrilène, n'osera, malgré son fructueux bilan, s'aventurer dans une comparaison avec Santiago Bernabéu, emblématique président de 1943 à 1978. Quand une star est recrutée par le Real Madrid, il ne lui faut pas longtemps pour comprendre où elle a mis les pieds. Un petit tour dans la salle des trophées suffit à lui rappeler que le club existait avant elle et qu'il existera après. L'histoire n'est alors pas un boulet, mais un atout, une force.

À leur arrivée, les propriétaires du PSG ont semblé vouloir faire table rase du passé. J'ai parfois eu la dérangeante impression que rien n'avait existé avant eux. Résumer l'histoire du PSG à Neymar ou à Ibrahimović, c'est manquer de respect à de grands joueurs comme Weah, Ronaldinho, Sušić, Rai, Dahleb, Ginola, Rocheteau, Carlos Bianchi, à des conquêtes comme la Coupe des coupes 1996, ses deux titres de champion en 1986 ou 1994, ou ses six coupes de France.

Un grand club, c'est un savoir-faire, une exigence professionnelle à tous les étages, une exigence au quotidien. Ce n'est pas ce que le PSG donne à voir actuellement. Trop de caprices y sont tolérés, trop d'excès pardonnés. Le PSG doit devenir une institution plus respectée de ses joueurs. C'est aux dirigeants de fixer le cap. Qu'a-t-on vu ou entendu ces derniers mois ? Que le président était proche de certains joueurs, ce qui a pour conséquence de fragiliser l'entraîneur ; que les dirigeants préféraient se muer en avocats des joueurs quand ils franchissaient la ligne jaune.

Au début du mois de mars 2018, le PSG a buté sur le Real Madrid en huitième de finale de la Ligue des champions. Cet échec n'est pas un simple accident de parcours. Il intervient un an après la fameuse remontada du FC Barcelone. Depuis qu'il a été racheté par le Qatar en 2011, jamais Paris n'a franchi le seuil des quarts de finale de la C1. Cette longue série de déboires est la démonstration que le PSG n'est pas encore un grand club. Le constat est cruel, mais implacable : Paris s'est offert de grands joueurs, mais il ne forme pas une grande équipe. Il impressionne en Ligue 1, et c'est logique : dans un confort certain, il fait tranquillement parler sa supériorité. Sans avoir à forcer, puisqu'aucun adversaire n'a les moyens de rivaliser. Mais c'est dans la difficulté qu'une grande équipe se révèle. Si le PSG a toujours fini par s'écrouler en Ligue des champions face à des formations qui lui résistaient, c'est qu'il n'a pas encore su cultiver et faire germer cette mentalité de champion.

Pour terminer, un grand club, c'est un grand palmarès. Quand bien même le PSG gagnerait un jour une Ligue des champions, il devrait rester modeste face aux douze sacres du Real dans cette compétition, aux sept de l'AC Milan, aux cinq du Bayern Munich, du FC Barcelone ou de Liverpool. Le PSG a encore beaucoup à apprendre, c'est normal. Ce qui l'est moins, c'est de ne pas avoir su tirer les enseignements de ses échecs, notamment du plus humiliant, la défaite 6-1 au Camp Nou au printemps 2017. Depuis 2011 et la prise de contrôle du club parisien par le Qatar, il n'est pas normal que le PSG ne soit pas allé plus loin que le quart de finale de la Ligue des champions. En atteignant les demi-finales en 2017, Monaco avait pourtant montré que c'était possible pour un représentant français.

À leur arrivée, les nouveaux patrons du PSG n'avaient pas les repères ni l'expérience du très haut niveau. Ils ont fini par comprendre qu'il leur faudrait du temps, en dépit de leurs moyens colossaux, pour remporter la Ligue des champions. On peut acheter des joueurs mais pas une équipe, une mentalité. La culture de la gagne ne se décrète pas. Il faut du temps pour qu'elle se propage dans les veines d'un club. Au-delà de l'immense attractivité d'un des trois plus grands joueurs de la planète, l'arrivée de Neymar a eu le mérite de relancer un projet qui stagnait depuis deux ans. Le PSG avait besoin d'une figure sur laquelle capitaliser à moyen terme. Le Brésilien s'est imposé comme la figure emblématique du club. Mais attention à ne pas faire l'erreur de penser qu'il peut être la solution à tout. Le projet du PSG, ce n'est pas Neymar, mais le PSG… Or, le PSG, c'est aussi d'autres joueurs. Il ne faut pas les banaliser. Je pense notamment au meilleur buteur de l'histoire du club, Edinson Cavani…

Pour grandir et se rapprocher des grands clubs, le PSG doit s'atteler à respecter les fondamentaux collectifs nécessaires à la construction d'une équipe. Ça nécessite un président et un directeur sportif qui porte la parole du club avec fermeté, en phase avec l'entraîneur. L'autorité, l'exigence au quotidien avec les joueurs, c'est aux dirigeants de l'instaurer. L'institution PSG doit se situer au-dessus de tout.

Le modèle du PSG ou de City n'est pas seulement critiqué pour la démesure de ses moyens, mais parce que ces deux clubs sont la propriété d'un État. Ils donnent l'impression d'avoir été gonflés à l'hélium pour rejoindre les anciennes puissances au sommet du foot européen. Dmitri Rybolovlev a opté pour une tactique différente quand il a pris le contrôle de l'AS Monaco en décembre 2011. Elle s'apparente à celle de Roman Abramovitch lors de sa prise de contrôle de Chelsea en 2003. Malgré ses moyens, le milliardaire russe de Monaco s'est vite ravisé après avoir compris que les contraintes réglementaires imposées par l'UEFA mèneraient sa stratégie dans une impasse. Le fair-play financier oblige en effet les clubs à cadrer leurs dépenses sur les ressources que leur activité génère réellement. Difficile donc, dans ce cadre, de dépenser 100 millions d'euros sur un crack qui se produira devant des tribunes clairsemées. Après avoir acheté des éléments expérimentés comme Radamel Falcao, João Moutinho, Jérémy Toulalan, Ricardo Carvalho, James Rodríguez pour jouer les premiers rôles, Monaco a changé son fusil d'épaule pour se spécialiser dans l'achat et la revente de talents en devenir. La recette est la suivante :

elle repère les meilleurs jeunes, met suffisamment d'argent sur la table pour les attirer en principauté. Son staff technique présente les qualités requises pour leur permettre de grandir. Après avoir fait pendant deux ou trois saisons les beaux jours de l'équipe première, ils sont revendus X fois leur prix d'achat. Le coefficient multiplicateur donne parfois le vertige. Avec Anthony Martial, on pensait que Monaco avait décroché le jackpot en le cédant pour 80 millions d'euros à Manchester United en 2015 après l'avoir acheté 5 millions à Lyon deux ans plus tôt. Ce n'était rien comparé au transfert pour 180 millions d'euros de Kylian Mbappé au PSG en 2017. Benjamin Mendy a été acheté 15 millions à Marseille en 2015 et a été revendu plus de 50 millions d'euros à Manchester City deux ans plus tard, devenant par la même occasion l'un des défenseurs les plus chers de l'histoire.

Le modèle monégasque, dont le FC Porto a été précurseur, repose sur le flair de ses scouts qui savent repérer des pépites avant la concurrence. Ce qui me dérange un peu à Monaco, c'est l'idée que son maillot blanc et rouge ne puisse représenter pour ceux qui le portent qu'un lieu de passage. Mais dans l'univers ultraconcurrentiel qui est le sien, je ne suis pas certain que Monaco puisse faire autrement. Le nombre de ses fans est limité, ses recettes liées au marketing et au merchandising sont limitées. Il suffit pour s'en convaincre de regarder l'affluence moyenne au stade Louis-II. Leur bassin de population est restreint. Ce qui est plus inquiétant, c'est que ce système fasse des petits là où l'on ne s'y attend pas.

Lille a emprunté la même voie que Monaco, mais avec un bonheur très inégal pour le moment. Le club nordiste était devenu champion de France, en 2011, en s'appuyant sur les jeunes issus de son centre de formation comme Eden Hazard, Mathieu Debuchy ou Yohan Cabaye, bien encadrés par des pros confirmés comme Rio Mavuba, Florent Balmont, Mickaël Landreau ou Franck Béria. Clairement, ce LOSC-là avait une identité, ses joueurs étaient reconnus et appréciés du public. Qu'ont fait les nouveaux dirigeants du LOSC à leur arrivée ? De Rio Mavuba à Marko Basa en passant par Vincent Enyeama ou Eder, ils ont mis tous les anciens à l'écart, alors qu'ils étaient tous sous contrat, pour faire place nette à des talents en devenir. Objectif : les exposer au plus haut niveau puis les revendre de façon à engranger les plus-values. Ils avaient juste omis un détail : si la Ligue 1 n'est pas le meilleur championnat européen, ce n'est pas non plus la Coupe Gambardella. Ils imaginaient leur sélection « nouvelles stars » jouer les premiers rôles, elle était aux portes de la relégation à la fin de la phase aller quand Christophe Galtier a été appelé à son chevet. Le projet des décideurs lillois a un côté effrayant. On ne sait pas bien si leur priorité se situe dans le sport ou dans son économie. Enfin, on sait, mais personne ne dit grand-chose, parce que ces politiques s'inscrivent, a priori dans un cadre légal. En quoi leur démarche diffère-t-elle de celle d'un trader qui achète des actions dans l'espoir de les revendre trois fois leur prix ? Franchement, je ne vois pas. Sauf qu'il ne s'agit pas d'actions mais de joueurs. Le cynisme de leurs dirigeants a un côté effrayant. Ils donnent l'impression de boursicoter sur des valeurs émergentes, comme si celles du CAC 40 (les joueurs confirmés) ne les intéressaient pas. Au début, dans leur opération séduction, les dirigeants lillois ont promis que leur chantier consistait à bâtir un grand club. Le LOSC est moins grand qu'il ne l'était quand Michel Seydoux, son ancien président, l'a quitté.

Quand un investisseur débarque à la tête d'un club, il nomme généralement un président, lequel choisit un entraîneur puis des joueurs en fonction de l'épaisseur de l'enveloppe financière que lui aura confiée son actionnaire. Tout cela n'est pas très compliqué. Ce qui l'est, c'est de définir un modèle économique qui corresponde aux particularités du club, à son environnement, à ses ambitions. S'il n'y a pas un modèle qui garantisse le succès – ce serait trop simple –, celui de Lyon me semble le plus adapté aux réalités du football de haut niveau en France. À mes yeux, c'est également le plus sain. La grande majorité des clubs français devrait le copier, mais ça nécessite une vision à long terme et de la patience. Jean-Michel Aulas ne laisse personne indifférent. Sur les réseaux sociaux, il déchaîne les passions. L'intéressé n'hésite pas à reprendre de volée sur Twitter ceux qui ne pensent pas comme lui. Je ne suis pas vraiment fan de ses interventions 2.0, pas plus d'ailleurs que de ses dérapages calculés devant les micros. En revanche, comment ne pas applaudir son action à la tête de l'Olympique lyonnais. Aulas est un bâtisseur, un visionnaire. Il a repris le club en Ligue 2, en 1987, et en a fait une place forte du foot français. Voici une vingtaine d'années que le club rhodanien figure parmi les premiers : depuis sa sixième place en 1997-1998, l'OL n'a jamais fait pire que cinquième au classement du Championnat de France. Cette permanence n'est pas le fruit du hasard mais d'un savoir-faire et d'une stratégie intelligente.

Après avoir fait la course à l'armement, s'être offert quelques coups sensationnels comme le recrutement des Brésiliens Sonny Anderson, Cris ou Juninho au début des années 2000, Aulas a admis qu'il n'aurait pas les moyens suffisants pour faire face à l'inflation galopante et lutter avec les plus fortunés dans un marché des transferts devenu complètement fou. Alors, il a adapté ses plans en misant sur les produits maison et des talents naissants pas encore dans le viseur des cadors européens. Je pense à Tousart, acheté à Valenciennes, à Ndombélé repéré à Amiens, ou Ferland Mendy recruté au Havre. En janvier 2018, quand certains clubs profitaient du marché d'hiver pour tenter de corriger les bêtises qu'ils avaient commises pendant l'été, l'OL a sécurisé la signature du prometteur Martin Terrier. Mais ce n'est pas tout. De tous les grands clubs français, Lyon possède la meilleure section féminine et il est le seul à s'être doté d'un stade. Son enceinte de Décines, moderne et spacieuse, est une des clés du développement économique de l'OL, comme son centre de formation, le plus productif de France. Les pépites qui en sortent font les beaux jours de l'équipe première, jusqu'à ce qu'un grand d'Europe ne vienne les acheter à prix d'or. Cette stratégie permet de générer des ressources importantes et stables. Lyon peut entrevoir l'avenir à moyen terme plus sereinement que n'importe quel autre grand de la Ligue 1 puisque ses finances ne dépendent pas de la fortune de son actionnaire, qu'il soit un État, comme au PSG, ou un milliardaire russe ou américain, comme à Monaco ou à l'OM. Si Lyon n'est plus un grand club européen, il a été habilement redimensionné pour le redevenir.

Il faut une sacrée dose de courage pour accepter les risques que Jean-Michel Aulas a pris. Le président lyonnais n'avait pas forcément vu venir les nouveaux actionnaires du PSG et de Monaco. Pour que le stade des Lumières devienne une source de revenus, et pas d'ennuis, l'OL, tout en s'appuyant sur les produits maison et des talents en devenir, doit jouer les premiers rôles et se qualifier régulièrement pour la Ligue des champions. Or, la France n'y a que deux accès directs réservés. Alors, Lyon et Aulas luttent avec des moyens financiers inférieurs, mais un savoir-faire qui n'a pas de prix.

Qu'ils se rassurent : dans le foot, tout s'achète, sauf le temps. Et l'expérience. Le temps est l'allié de ce que l'on appelle la « culture club », ce savoir-faire, fruit de dizaines d'années de travail, et de la transmission d'un palmarès. Cette culture n'est pas une coquetterie. Du président au magasinier chargé de préparer le vestiaire, en passant par le chauffeur du bus ou le kiné, aucun ne tremble, que ce soit pour un match de championnat lambda ou une finale de Ligue des champions. Cette assurance à toute épreuve est une arme redoutable lors des grands rendez-vous. L'habitude est facteur de sérénité. À ceux qui pensaient que le PSG, grâce au soutien du Qatar, allait mater l'Europe en un claquement de doigts, je rappelle que Chelsea a mis neuf années, après son rachat par Roman Abramovich, pour s'adjuger la Ligue des champions. Ce qu'il a manqué au PSG ces dernières saisons, ce n'est pas de très bons joueurs, c'est de savoir gérer une crise de vestiaire, les égos des joueurs, les excès de la presse, de porter une voix forte pour mettre un terme aux enfantillages, comme entre Neymar et Cavani se disputant la responsabilité de tirer les penaltys.

En Coupe d'Europe, dans les rencontres à élimination directe, les clubs français ont souvent été à la peine ces derniers temps. Il me semble que l'excitation liée à un événement méconnu peut expliquer certaines défaites. Je pense notamment à la faillite du Paris Saint-Germain en quart de finale retour de la Ligue des champions contre Barcelone au printemps 2017. On a beaucoup parlé de la « remontada » du Barça. Elle a également coïncidé avec la « demontada » du PSG. Les dirigeants parisiens n'avaient pas l'expérience requise pour gérer tout ce qui a précédé le match retour. La victoire 4-0 facilement acquise à l'aller leur a laissé penser que le plus dur était fait. Le coup de bluff médiatique de la « remontada » bien orchestré par Barcelone et les médias catalans, ça se gère, ça se contre sur le terrain médiatique, comme sur le plan psychologique. Mais Paris n'a rien géré, n'a rien vu venir et le doute s'est installé dans son camp pendant que l'espoir d'une folle remontée habitait le camp barcelonais.

Cette culture du très haut niveau permet de ne pas se griser au lendemain d'une victoire éclatante comme de ne pas se laisser balayer au lendemain d'un échec cuisant, quand la tempête médiatique et populaire s'abat. Lors de la phase de groupe de la Ligue des champions 2017-2018, le Bayern Munich a encaissé un 3-0 sans appel au Parc des Princes. Les dirigeants du club bavarois ont laissé dire ceux qui analysaient ce lourd revers comme le signe d'un effectif sur le déclin. Ils ont estimé, à juste titre, qu'ils avaient perdu une bataille (un match de poule), pas la guerre (la Ligue des champions). Ça ne les a pas empêchés de se remettre en question. Ils se sont séparés de Carlo Ancelotti pour rappeler un ancien de la maison, Jupp Heynckes, parce qu'ils avaient le sentiment depuis quelques semaines que le courant ne passait plus entre l'entraîneur et les joueurs. Et au match retour, Paris, défait 1-3, n'a pas vu le jour. En 2001, avant de remporter la coupe aux grandes oreilles contre Valence au stade Giuseppe-Meazza de Milan, nous avions pris 3-0 à Lyon lors de la deuxième phase de poule. Deux ans plus tôt, nous avions perdu en finale face à Manchester United dans les dernières minutes de la rencontre, alors que la victoire nous semblait promise. Perdre n'est pas interdit. Mais quand un grand club tombe, il sait se relever. La gestion de l'échec est inscrite dans son ADN. Celle du stress aussi. Quand Zinédine Zidane promène son sourire contagieux auprès des joueurs du Real Madrid quelques minutes avant la séance des tirs au but de la finale de la Ligue des champions face aux voisins de l'Atlético, c'est parce qu'il a vécu et appris à dompter ces moments de très forte tension.

Dans un grand club, aucun joueur n'est plus grand que l'institution. Dans un grand club, un joueur a juste à se concentrer sur ses entraînements et ses matches. Les clubs n'organisent pas les petits déjeuners et les déjeuners des joueurs pour faire plaisir à ces derniers, mais pour qu'une diététique saine favorise leur forme. Ils ne trouvent pas une maison à un nouvel arrivant pour jouer à l'agent immobilier, mais pour favoriser son intégration. Dans un grand club, rien ne peut, ne doit perturber le joueur, pas même la pression d'un public trop exigeant ou trop passionné. Cette pression qui ferait qu'il faut plus de caractère dans certains clubs que dans d'autres, pardonnez-moi le terme, mais c'est de la connerie. La seule pression qui doit peser sur un footballeur, c'est celle du match, de l'enjeu d'une grande affiche, d'une finale. L'envie de gagner, la peur de perdre. Tout le reste, ce n'est pas de la pression, c'est de la désorganisation, de la bêtise, une incapacité à maîtriser son environnement, qui rendent le chemin vers la performance plus tortueux. Ce n'est pas aux supporters de bousculer les joueurs après une série de contre-performances pour les faire réagir. Ça ne sert à rien. C'est aux dirigeants et à l'entraîneur de donner le cap de cette exigence, en fixant un cadre rigoureux qui oblige le joueur à donner le meilleur de lui-même. C'est la raison pour laquelle les grands clubs imposent le professionnalisme à tous les étages, pour bien maîtriser l'environnement, pour ne jamais se laisser dépasser par les réactions du public ou de la presse. La qualité d'un grand club se traduit dans l'anticipation, dans la gestion des moments difficiles, dans sa capacité à éteindre les feux avec efficacité et justesse.

La Bourse du foot

Avec Mbappé, le PSG a acheté l'une des plus belles promesses du foot mondial. Il y a un côté spéculatif dans cette acquisition. Il y a vingt ans, des investisseurs ont misé des fortunes sur des start-up. Toutes n'ont pas connu le même succès que Google ou Yahoo ! Dans le foot, la bulle spéculative va aussi finir par exploser. Et les dégâts seront colossaux. Un jeune joueur est impacté par le prix de son transfert. Sitôt le chèque et le contrat signés, ce n'est plus un espoir en avance sur les temps de passage, mais un investissement qui doit rapporter. Sur le terrain, la pression n'est alors plus du tout de la même nature. Fini le temps de l'insouciance ; fini le foot perçu d'abord et avant tout comme un jeu. Le marquage est plus serré, les caméras sont plus insistantes si le rendement n'est pas immédiatement au rendez-vous, la bienveillance qui avait escorté et favorisé la légèreté de ses premiers pas chez les pros s'évapore vite, pour faire place à l'impatience, la défiance, la critique.

Lors de ma formation à Bordeaux, je n'ai pas le souvenir que des agents tournaient autour des terrains pour nous mettre le grappin dessus. Je plains les jeunes talents d'aujourd'hui. Les sollicitations dont ils sont l'objet dépassent l'entendement. L'appât de gains considérables attire tous les requins possibles et imaginables. Dans certains cas, la famille veut sa part du gâteau. Comment, dans ces conditions, grandir dans un climat serein, propice à l'apprentissage et à l'épanouissement ? Seuls les plus costauds passent les obstacles. Pour une réussite à la Mbappé, combien explosent en vol dans l'indifférence la plus totale. Qui, désormais, se soucie de la trajectoire d'Hatem Ben Arfa ? Il aura très bien gagné sa vie, il aura fait une carrière professionnelle dans de beaux clubs, mais il n'aura pas eu le parcours qu'on lui promettait. Présenté comme le surdoué du foot français depuis le début des années 2000, alors qu'il n'était encore qu'un enfant, HBA a dû approcher la trentaine pour effectuer la première saison pleine de sa carrière, avec le Nice de Claude Puel. Cette année sensationnelle a failli le qualifier pour l'Euro 2016. Finalement, Didier Deschamps n'a pas cédé à la pression populaire et, dans la foulée, Ben Arfa s'est engagé avec le PSG avec un contrat doré et empoisonné. Avec le club de la capitale, il ne joue pas et tout le monde s'en fout. Le système médiatique a décrété qu'il n'était plus à la mode. C'est la triste réalité avec laquelle les footballeurs d'aujourd'hui doivent composer. L'éclosion subite de Mbappé a quasiment jeté aux oubliettes Anthony Martial, sensation de l'après-Coupe du monde 2014, et envoyé Antoine Griezmann et Paul Pogba dans l'ombre. Cette culture du zapping a des côtés flippants. Ben Arfa aurait pu être un exemple de réussite. Son exemple doit surtout inciter à la plus grande prudence, à faire preuve de plus de mesure dans les prédictions de carrière.

Des jeunes talents, on attend trop, trop tôt. En 2017, Mbappé a disputé dix matches avec l'équipe de France et il n'a marqué qu'un seul but. Malgré ses statistiques très modestes, la question de sa présence dans le groupe de Didier Deschamps ne se pose pas au regard de son immense potentiel. Mais il a beau avoir de l'avance, beaucoup d'avance même, sur les autres attaquants de son âge, ce n'est sans doute pas un hasard si son rendement était inférieur à celui d'Olivier Giroud en 2017, lors de sa première année chez les Bleus. L'attaquant de Chambéry est moins talentueux, mais il possède un trésor qui ne s'achète pas et s'avère essentiel au plus haut niveau : l'expérience. Soyons patients avec Mbappé, laissons-le digérer son ascension express au plus haut niveau. Il n'est devenu titulaire en Ligue 1 avec Monaco, son club formateur, qu'en janvier 2017. Un semestre plus tard seulement, il avait été l'objet d'un transfert record au PSG et avait intégré la grande équipe de France, sans passer par la case des Espoirs. Ne faisons pas de lui le sauveur de la patrie, tout en gardant en tête qu'il possède les qualités requises pour le devenir un jour. Zinédine Zidane n'est arrivé en équipe de France qu'en août 1994, à l'âge de 22 ans. Il s'est imposé comme son incontestable maître à jouer, son leader technique, quatre ans plus tard. Après avoir été champion du monde à 20 ans, Thierry Henry est repassé par la sélection Espoirs avant de revenir chez les Bleus par la grande porte à l'Euro 2000. Une carrière est une maison et une maison ne se construit pas en deux jours. Quand on la construit en deux jours, ses fondations cèdent, ses murs se fissurent, son toit peut même s'effondrer. L'expérience, comme le temps, ne s'achète pas.

Je n'aurais jamais pu accepter d'appartenir, comme certains joueurs évoluant au Portugal par exemple, un peu à un club, un peu à des sociétés d'investissement qui ont le pouvoir de m'envoyer dans un autre club comme une marchandise sans me demander mon avis. On dirait le milieu hippique où des acheteurs se réunissent pour acheter un cheval. Si l'un d'eux débourse l'équivalent de 25 % de son prix, on lui dit qu'il possède une patte. Sous prétexte qu'un joueur gagne bien sa vie, comparée à un salarié lambda, il devrait tout accepter, y compris de voir sa liberté prise en otage ? Le transfert de Neymar a choqué par son montant record de 222 millions d'euros. Le FC Barcelone a fait passer l'attaquant brésilien pour un traître. C'était plus facile que d'avouer une mauvaise gestion du dossier et faire son mea culpa parce que le contrat de Neymar n'avait pas été assez bien verrouillé. L'attaquant brésilien n'a fait que respecter son contrat, qui comportait une clause de départ. Si le club catalan avait voulu s'assurer son concours pour quelques années supplémentaires, il n'avait qu'à pas inclure cette disposition aux allures, qu'on le veuille ou non, de porte entrouverte. Le football est un secteur d'activité qui n'a jamais manqué de moyens. Il n'empêche, la liberté reste la base de tout. L'engagement d'un joueur sur le terrain n'est pas uniquement lié au montant de ses émoluments. Dans une entreprise, quand un salarié ne se sent plus à son aise ou qu'il bénéficie d'une proposition plus gratifiante, plus intéressante chez un concurrent, il démissionne.

Un jeune talent a besoin de temps pour grandir. Sinon, il ne grandit pas droit, mais de travers. Quand on dit qu'un jeune sort du centre de formation, ça sous-entend qu'il en a terminé avec son apprentissage. Or, il a encore beaucoup de choses à apprendre. Je suis content d'avoir pu continuer à grandir aux Girondins, un très bon club français. J'y ai parfait ma formation. À 20 ans, je n'étais pas prêt pour le plus haut niveau. Il paraît que c'est désormais le cas avec les jeunes talents. Ils seraient plus précoces. Ils s'exportent très vite, c'est indéniable. Nés avec un téléphone portable à la main, ils font partie de la génération Z, sont connectés en permanence, aiment zapper et placent leur réussite professionnelle au-dessus de tout. Il me semble quand même qu'ils ont tous été confrontés à des hauts et des bas, avec un bonheur inégal. À l'image de Florian Thauvin ou Jordan Amavi, beaucoup de jeunes prometteurs transférés en Angleterre il y a quelques années sont revenus en France sous la forme d'un prêt ou d'un transfert. N'allez pas croire, à la lecture de ce constat, que je me situe dans un quelconque esprit de vieux combattant pour en arriver à la conclusion que c'était mieux avant. Nous parlons de deux époques différentes et je n'envie pas les mœurs d'aujourd'hui. À mon époque, nous entrions dans la carrière sans cette pression médiatique ou populaire via les réseaux sociaux, cette pression financière mise par des agents véreux ou des membres de la famille bien décidés à en croquer, eux aussi. Le poids sur leurs épaules, au moment d'entrer sur le terrain, doit parfois être semblable à celui d'une enclume. Mes contemporains et moi avons grandi dans une prairie, Mbappé et les jeunes d'aujourd'hui doivent se frayer un chemin dans la jungle.

Le duel du siècle

Connaissez-vous la particularité de Kaka, le meneur de jeu brésilien ? C'est le dernier joueur à avoir laissé une trace dans le palmarès du Ballon d'or *France Football* depuis l'avènement d'un couple princier. Je veux parler de Cristiano Ronaldo et Lionel Messi. Depuis dix ans, ils trustent tous les trophées et nous offrent le plus passionnant duel de l'histoire du foot. Leur talent n'a d'égal que leur longévité. Diego Maradona fut un immense joueur, il a remporté la Coupe du monde avec l'Argentine, mais il n'a pas eu la même régularité avec ses clubs que le Madrilène ou le Barcelonais. Leur match à distance, sur fond de respect mutuel mais également d'égo, est passionnant, stupéfiant. Qu'un attaquant réussisse, lors d'une saison exceptionnelle, à approcher les cinquante réalisations toutes compétitions confondues, ça arrive. Mais qu'il les enchaîne à ce rythme, c'est beaucoup plus rare. Cristiano Ronaldo et Lionel Messi, c'est aussi l'histoire de deux géants au service de deux géants, le Real Madrid et le FC Barcelone. Que les meilleurs joueurs évoluent dans les meilleurs clubs n'a rien d'anormal. Qu'ils en choisissent un et y soient fidèles est beaucoup plus rare. Et pourquoi en changer d'ailleurs, alors que tous les arguments financiers et sportifs sont réunis là où ils sont ? Si Messi et Cristiano Ronaldo sont souvent proches dans les palmarès, leur style de jeu est totalement différent. Messi a quelque chose de Roger Federer en lui quand Ronaldo ressemble davantage à Rafael Nadal. La souplesse d'un côté, la puissance de l'autre.

Messi n'est pas un athlète comme Ronaldo, mais sa prétendue fragilité est un leurre. Pour durer comme il dure, il faut au contraire être extrêmement solide. Messi, c'est une légèreté et une vivacité dans le mouvement, c'est une souplesse exceptionnelle dans le pied gauche. La variété de ses dribbles, sa conduite de balle aimantée, sa vivacité, sa malice et son sens du jeu font de lui un joueur illisible, imprévisible. Messi est un artiste caméléon, buteur et passeur à la fois, au sang-froid chirurgical face au gardien adverse. Il peut jouer en 10, milieu côté gauche, côté droit ou avant-centre avec la même facilité. Il a la capacité de gagner un match à lui seul, quand il le décide. Il y a quelque chose d'instinctif dans tout ce qu'il réalise, comme un don du ciel. Messi, c'est Picasso.

Cristiano Ronaldo, lui, est un athlète extraordinaire, une machine à marquer redoutable. C'est un bosseur hors normes, au mental de fer et à l'appétit d'ogre. Il n'est jamais rassasié. Le talent est immense, évidemment, mais le Portugais donne aussi l'impression d'être arrivé là par la force de son travail, de son sérieux. Interrogé sur ce que son coéquipier avait de plus que les autres, Raphaël Varane, d'un ton admiratif, avait avancé comme argument numéro 1 sa rigueur au quotidien. C'est un athlète incroyable. Ses gestes techniques, ses frappes du cou-de-pied notamment donnent l'impression d'avoir été répétés des milliers de fois pour atteindre la perfection en termes de puissance et de précision. CR7, c'est aussi une bête médiatique. Tout est géré de main de maître chez lui. Son corps, son look, sa communication, sa carrière. Ronaldo, c'est Superman.

Dans sa vie extrasportive, dans sa communication, Messi est beaucoup plus discret, moins rockstar que Ronaldo. En termes de style, Messi me plaît davantage que Ronaldo. Je ne pensais pas ce dernier capable de rattraper le Barcelonais en 2015, quand celui-ci a gravé une cinquième fois son nom au palmarès du Ballon d'or. J'imaginais alors Messi intouchable. Et pourtant, Ronaldo a recollé. Il force mon admiration pour son mental incroyable. Sa rencontre avec Zinédine Zidane n'a pas été neutre. Avant de passer sous les ordres du Français, CR7 était un glouton à statistiques. Il avait du mal à dompter son appétit, à gérer ses efforts. ZZ lui a appris à faire l'impasse sur un match moins important pour être en mesure de donner le meilleur de lui-même sur les matches de prestige. Le mérite de Ronaldo, c'est aussi d'avoir su évoluer avec le temps alors qu'il a déjà 33 ans. Il a dépouillé son jeu du superflu, il dribble moins, il est plus présent dans la surface, plus buteur que par le passé. C'est une preuve d'intelligence. À 33 ans, il demeure au top. Il ne lâche pas l'affaire, il aurait pu, vu tout ce qu'il a gagné. Le grand gagnant, c'est le public, qui assiste, depuis une décennie, au duel du siècle.

Le top du top

Quand je me retourne sur mon parcours, je mesure la chance qui a été la mienne de croiser plusieurs entraîneurs en or. Dans une carrière, les moments difficiles permettent de savoir sur qui l'on peut vraiment s'appuyer. Norbert Baudias a été le premier à croire en moi aux Églantins d'Hendaye. J'ai ensuite pu compter sur le soutien de Peio Sarratia, le conseiller technique régional de la Ligue des Pyrénées-Atlantiques, de Pierrot Labat et d'Ante Mladinić aux Girondins, d'Aimé Jacquet en équipe de France et d'Ottmar Hitzfeld au Bayern Munich. Tous ont tenu un rôle essentiel dans des périodes charnières de ma vie de footballeur. S'ils ne m'avaient pas tendu la main, j'aurais pu ne rien gagner, voire j'aurais pu tout perdre.

D'autres se sont révélés précieux par leurs conseils ou la bienveillance dont ils ont fait preuve à mon égard. Je me souviens de l'affection de Raymond Goethals qui nous voyait, Jesper Olsen et moi, comme les moustiques de son flanc gauche, du talent oratoire de Rolland Courbis, sa capacité à nous faire croire que notre adversaire était nul, de certains de ses conseils comme « Calme et tempête Liza » (mon surnom dans le foot), qui résumait le bon dosage physique à trouver sur le terrain, parce qu'au début de ma carrière j'étais toujours à fond. Comment ne pas être reconnaissant envers Didier Couécou, qui a eu la bonne idée de reconvertir l'ailier gauche que j'étais en arrière latéral ? Comment oublier la remontée en Ligue 1 en 1992 et l'épopée en Coupe de l'UEFA 1996 avec Gernot Rohr ? Tous ces techniciens figurent dans mon panthéon personnel. Ce ne sera jamais le cas de Luis Fernandez. Notre cohabitation à Bilbao, lors de la saison 1996-1997, m'a déçu, mais cette déception n'est rien comparée à ses déclarations peu après mon départ du club basque. Dans un entretien à *France Football*, il s'était permis de critiquer mon choix de carrière, de l'associer à une forme de trahison du Pays basque. Ces propos étaient plus que maladroits, lamentables… Il a dépassé les bornes, le cadre de sa fonction. Il n'aurait pas dû. Fernandez le sait, je lui ai dit un soir de match du PSG. Je suis passé à autre chose, mais je n'oublierai pas. Et pour conclure, quitter Bilbao pour aller au Bayern Munich fut, à tout point de vue, le meilleur choix de ma carrière.

Dans le football, l'élite ressemble souvent à un fourre-tout dans lequel on placerait ceux qui ont eu la chance et le talent de vivre de leur passion du ballon rond. Faut-il loger tous les pros à la même enseigne ? L'élite a sa hiérarchie. J'ai pu m'en rendre compte en approchant le top du top. Si le Bayern Munich est un grand club, c'est parce qu'il est dirigé par de grands dirigeants. Ma carrière n'aurait pas forcément été la même si je n'avais pas croisé la route de Franz Beckenbauer. Le plus grand défenseur de l'histoire du football allemand entraînait le Bayern quand nous avons affronté le club munichois en finale de la Coupe de l'UEFA avec les Girondins, en 1996. J'ai appris un peu plus tard qu'il avait beaucoup insisté, à l'époque, pour que le Bayern me recrute. Ce sera chose faite en 1997. À Munich, et même en Allemagne qu'il a menée au titre mondial en 1990, son avis fait autorité. Beckenbauer est une légende. Un incontournable, qui impose le respect, l'admiration. À chaque moment de ma carrière au Bayern, Franz a toujours eu un petit mot gentil à mon sujet. Ça m'a toujours beaucoup touché et je tiens, au travers de ce livre, à lui témoigner toute mon affection et mon admiration.

De l'admiration, j'en éprouve également beaucoup pour Ottmar Hitzfeld. À vrai dire, elle est même sans limites. Ottmar a commencé sa carrière dans des clubs suisses, il est allé à Dortmund et a conduit le club de la Rhénanie-du-Nord-Westphalie sur le toit de l'Europe en battant la Juventus Turin en finale de la Ligue des champions. Quand il est arrivé au Bayern, en 1998, le club restait sur deux saisons tumultueuses avec Giovanni Trapattoni. On le surnommait le FC Hollywood. Hitzfeld est l'entraîneur de ma période la plus faste avec le Bayern. Surnommé le « général », il a pourtant imposé sa patte sans avoir eu besoin d'élever la voix. Certains entraîneurs estiment que la rigidité reste le meilleur moyen d'affirmer et d'asseoir leur autorité. Avec Hitzfeld, il était possible d'échanger sans se sentir jugé. J'ai beaucoup apprécié la relation de confiance qu'il a su instaurer avec son vestiaire. Il m'est arrivé de parler tactique avec lui, d'échanger des points de vue, de lui faire même des confidences sur mes sensations physiques, à tel point qu'il m'autorisait à souffler parfois en cas de fatigue passagère. Il prenait cette confession comme une information utile. Comme Jacquet, j'aurais pu le suivre partout. Il disait ce qu'il faisait et il faisait ce qu'il disait. Avec lui aux commandes, le Bayern a connu sa plus belle ère, après celle des Beckenbauer, Maïer, Muller, Hoeness, dans le milieu des années 70. J'ai toujours beaucoup de plaisir à revoir Ottmar en Allemagne. Nous nous croisons assez fréquemment : il est consultant pour des médias allemands. Chaque 9 décembre, quand je prends un an de plus, il m'appelle pour me fêter mon anniversaire et en profite pour prendre de mes nouvelles. Ça en dit long, je trouve, sur sa personnalité. Hitzfeld, c'est la grande classe.

Hitzfeld et Jacquet sont des grands entraîneurs, les meilleurs avec qui j'ai travaillé. Pep Guardiola fait lui aussi partie de la caste des grands entraîneurs. Était-il capable de s'exporter ? se demandait-on à l'époque. Est-ce lui qui a fait le Barcelone de Messi ou est-ce le Barcelone de Messi qui a fait sa réputation ? Au Bayern, puis à Manchester City, l'ancien milieu de terrain répond aux interrogations nées lors de son brillantissime passage chez les Blaugrana (du nom du maillot barcelonnais). S'il n'a pas remporté la Ligue des champions qu'il était venu chercher en Bavière, il a su imposer un style, comme il l'a fait à City. Faire évoluer les mentalités au Bayern, un club qui a tout gagné, n'a rien d'évident. Je suis bien placé pour le savoir. Pep a imposé le style Guardiola, basé sur la possession de balle. Cette obsession a frôlé cependant certaines limites au Bayern et il a eu plus de mal à convaincre un vestiaire qui avait déjà gagné en pratiquant un football plus direct avec Jupp Heynckes. À Manchester City, sans aller jusqu'à parler de remise en question, j'ai senti une évolution. Son équipe pratique un jeu de passes toujours aussi sophistiqué, dont les défenseurs sont les premiers relais, mais il y a aussi plus de verticalité que pendant la période Bayern. À City, sa tâche me semble plus aisée de ce point de vue-là. À l'heure où ce livre paraît, Guardiola est, avec Zidane, me semble-t-il, le meilleur entraîneur du monde. Il fait bien jouer et gagner ses équipes, il fait progresser ses joueurs. Sous sa direction, De Bruyne ou Sané ont franchi un cap. Guardiola, c'est quatre saisons au Barça avec trois Liga et deux Ligues des champions à la clé, trois saisons au Bayern Munich et trois Bundesliga, deux saisons à Manchester et un titre en Premier League qui lui tend les bras. Il aura donc été champion sept fois sur neuf. Impressionnant, non ? Pourtant, Guardiola, ce n'est pas seulement ça. C'est aussi une grosse personnalité, un technicien aux idées et à la philosophie bien arrêtées, avocat d'un sport qu'il aime et défend. Il fait sa carrière sans donner l'impression que sa réussite l'obnubile, comme s'il avait compris depuis toujours qu'elle n'était que la conséquence de son travail et de ses choix. Guardiola aime gagner, mais pas n'importe comment. La perfection l'obsède parfois. Mais le technicien espagnol a su trouver un compromis entre esthétisme et efficacité. C'est aussi pour ça qu'il dure et qu'il fait rêver.

La fascination exercée par Joachim Löw est moindre. Mais son influence sur la Nationalmannschaft est loin d'être neutre. Löw, c'est un peu le cousin de pensée de Guardiola, à la sauce allemande et à la tête d'une équipe nationale. Lui aussi défend une identité de jeu très claire, une volonté de jouer vite. Il n'est que le troisième sélectionneur allemand à ne pas avoir été international. Mais son travail en profondeur a mis tout le monde d'accord. Il a été nommé en 2006, et le temps ne semble pas avoir de prise sur sa cote. Löw, ce n'est pas seulement un style, c'est aussi un groupe qu'il a su renouveler pour le maintenir au plus haut niveau. Finaliste de l'Euro 2008, demi-finaliste de la Coupe du monde 2010 et de l'Euro 2012, vainqueur de la Coupe du monde 2014, demi-finaliste de l'Euro 2016… L'Allemagne, sous sa direction, n'a jamais raté un grand rendez-vous.

Löw demeure indiscutable, José Mourinho ne peut pas en dire autant. Longtemps il a été le manager star, l'incontournable winner, celui qui avait trouvé la clé de la réussite et l'utilisait partout où il passait. La fascination autour de son incroyable personnalité s'est estompée. Elle n'a plus rien à voir avec celle qu'il exerçait à Chelsea et à l'Inter Milan. C'est au Real Madrid, me semble-t-il, qu'il a commencé à perdre de sa superbe. En Espagne, il a donné l'impression que ses capacités de meneur d'hommes avaient leurs limites, comme son sens tactique. Il s'est retrouvé au milieu de grands joueurs qui avaient tout gagné, ces derniers ne pouvaient pas l'accueillir comme le guide suprême, le messie. Il n'a peut-être pas su évoluer. Le regard porté sur son travail a changé, aussi. Ses équipes défendaient très bien et étaient jugées difficiles à jouer. Désormais, elles devenaient ennuyeuses. C'était un psychologue capable de tirer la quintessence de son groupe, il est perçu comme un manager qui use ses troupes. Il semble imposer beaucoup. Je ne suis pas certain que j'aurais pu m'adapter correctement à sa méthode. Si on a l'impression d'avoir fait le tour avec Mourinho, il reste un coach de haut niveau. À Manchester United, ses résultats sont respectables. Il a remporté une Ligue Europa en mai 2017. Sa faculté d'adaptation à un nouvel environnement est phénoménale. Il est polyglotte et reste un personnage exceptionnel, qui ne doute de rien. Seulement, je considère que Guardiola l'a dépassé. L'approche du jeu de ce dernier est plus constructive, son état d'esprit plus positif. Dans le « Football Circus », leur duel arrangeait tout le monde. Pour que l'affaire fonctionne, il fallait un méchant et un gentil. Il se trouve que Mourinho le pragmatique était le méchant, Guardiola l'idéaliste le gentil. Mourinho se caractérise par son palmarès, son management, sa personnalité. Pas par sa philosophie du jeu.

Un grand entraîneur se juge-t-il à la qualité du football développé par ses équipes ? Pour moi, ça dépend aussi de comment il est outillé. À ce titre, Diego Simeone est un entraîneur très intéressant. L'Argentin est très fort mentalement. Il parvient, depuis plusieurs saisons, à tirer le meilleur parti de ses joueurs et il n'est pas rare que l'Atlético Madrid devance le Real ou le FC Barcelone en Liga ou en Ligue des champions. Vu les moyens à la disposition de Simeone, sa constance au plus haut niveau est tout simplement remarquable. Tout comme ce qu'Antonio Conte a réalisé avec la Juventus Turin à l'Euro 2016, qu'il a remporté, et avec Chelsea, qu'il a conduit au titre de champion d'Angleterre en 2017. Simeone et Conte sont deux entraîneurs expressifs. Presque des douzièmes hommes. On dirait qu'ils jouent, pas qu'ils managent. Ils sont habités par leur fonction, ils donnent le tempo depuis le banc. Ils incarnent une nouvelle génération. Ils sont moins passifs sur leur banc qu'un Ancelotti, par exemple. Derrière leurs grands mouvements de bras se cachent des stratèges.

Si on m'avait dit...

Carrefours du football professionnel et du football amateur, les trente-deuxièmes et les seizièmes de finale de la Coupe de France offrent chaque année leur lot de belles histoires, sur fond de revanche sociale. Celle du recalé du centre de formation qui tient tête ou fait chuter les pros se rappelle à leur bon souvenir le temps d'un match. Ce coup d'éclat ne doit pas masquer une réalité : le football est un secteur concurrentiel où le taux de réussite est extrêmement faible. À tous les gamins qui rêvent de faire carrière au point d'en être obnubilés et de se couper de toutes les autres voies qui s'ouvriraient à eux, il faudrait rabâcher deux chiffres : sur les 2 millions de licenciés, 2 000 tout au plus vivent très correctement, ou de façon modeste, de leur passion du ballon rond. Il y a donc beaucoup de candidats, mais peu d'élus. Occultée, cette évidence finit par causer de gros dégâts. Parce qu'elle ronge ce qui devrait constituer l'essentiel d'une adolescence : l'école.

Si je n'avais pas percé dans le foot, des alternatives se seraient présentées à moi. J'avais pris les devants en poursuivant mes études. Je n'ai jamais eu peur de l'échec, de la blessure, mais j'ai toujours eu conscience que le foot pouvait s'arrêter du jour au lendemain. On ne met pas suffisamment en garde les champions en devenir sur la fragilité d'une carrière, et l'on s'étonne ensuite du massacre humain généré par l'échec. Ce n'est pas propre au football. Récemment, la fille d'un de mes amis, très douée en handball, est allée voir son entraîneur pour lui demander de faire l'impasse sur un entraînement le lundi soir. Elle joue à un bon niveau junior, elle avait des examens importants le lendemain. Son entraîneur lui a répondu qu'il était inenvisageable qu'elle rate cette séance dans l'optique du match du week-end suivant. Ses parents ont dit stop. Quand un adolescent est sélectionné dans une classe sport-études, il faudrait constamment lui rappeler l'appellation de son cursus. Le sport, certes. Mais les études aussi…

Les études ne servent jamais à rien. Le bac D que j'ai obtenu au lycée François-Daguin de Mérignac et la licence « sciences et techniques des activités physiques et sportives » à l'UEREPS de l'université de Bordeaux m'ont offert le confort mental de disposer d'une roue de secours, mais aussi d'une méthodologie de travail. Quelles que soient mes activités, je sais par où commencer et par quoi finir. C'est une erreur de considérer l'apprentissage scolaire comme l'ennemi du foot ou du sport. Au contraire, c'est un complément. Les deux activités peuvent être menées de front, à condition d'être organisé et motivé, évidemment. Un cerveau apte à comprendre favorise la prise de décision opportune sur le terrain.

Si ma formation aux Girondins s'était conclue par un échec, il aurait eu un goût très amer, mais j'aurais emprunté une autre voie, dans le sport, et je suis certain que j'aurais été heureux. Désormais, certains jeunes entrent dans un centre de formation avec, sur les épaules, le poids de toute une famille. Les responsabilités qui sont les leurs leur ôtent toute légèreté. Ils sont adolescents, et le football n'est déjà plus un jeu. Ils représentent un enjeu financier pour tout un clan. Ils sont obligés de réussir. Au mois de janvier 2018, dans le documentaire *Ma part d'ombre*, réalisé par Olivier Dacourt et diffusé sur Canal+, Emmanuel Adebayor a livré une terrible confession sur les pressions que sa famille exerçait sur lui afin de capter une part extrêmement importante de ses revenus. À un moment, il est même allé jusqu'à se demander si la vie valait le coup d'être vécue et a pensé en finir, avec l'aide de médicaments. Ce témoignage effrayant en cache d'autres et en dit long sur ce qui se trame parfois loin des terrains. À l'heure du partage, de la solidarité familiale, heureusement qu'on n'en arrive pas toujours à ces extrémités. Les joueurs de football gagnent parfois beaucoup d'argent, mais ils savent aussi se montrer généreux ou reconnaissants envers ceux qu'ils aiment. Combien de pros ont offert à leurs parents, sans que ces derniers leur demandent, une voiture, une maison, synonyme de nouvelle vie plus confortable, des vacances ? Des centaines. On se situe là dans un rapport normal.

Mes parents ont fait beaucoup pour moi sans jamais rien attendre en retour. Ils ne se sont jamais immiscés non plus dans mes choix. Ils les ont accompagnés. Ma mère nous a emmenés, mon frère et moi, partout où nous pouvions entretenir notre flamme pour le sport. Grâce à elle, je connais tous les frontons du Pays basque, tous les courts de tennis, tous les terrains de foot d'Aquitaine. Mes parents sont très sportifs. Ils ont laissé ma passion s'exprimer, ils m'ont guidé sans mettre de pression, m'ont apporté un soutien absolu sans jamais jouer les conseillers ni les agents, mais en restant à leur place de parents. Cette attitude a certainement beaucoup compté dans mon ascension au plus haut niveau. Quand Jacques Debelleix, le responsable du recrutement des jeunes des Girondins de Bordeaux, est venu frapper à la porte de la maison pour me proposer de m'ouvrir celle du centre de formation marine et blanc, ma mère a fondu en larmes, mais elle et mon père ont accepté mon choix. Ils étaient présents derrière la main courante quand je jouais avec les cadets B des Girondins le week-end, parce que mes éducateurs ne croyaient pas en moi. J'aurais pu me perdre, baisser les bras. Leur soutien m'a incité à ne pas renoncer. Mais jamais ils n'ont basculé dans l'excès, comme c'est le cas de trop de parents. À quoi sert-il de brailler sur le bord de la touche, si ce n'est à mettre une pression insupportable sur son enfant ? Je me souviens du père extrêmement interventionniste d'un de mes coéquipiers très doué. Son attitude mettait tout le monde mal à l'aise, à commencer par son fils qui n'a jamais passé le cap alors qu'il avait les prédispositions pour. Ces parents-là regorgent tellement d'espoir pour leur rejeton qu'ils en gâchent le plaisir du moment présent et finissent par obstruer le possible débouché du fiston chez les pros. Pourquoi ajouter de la pression à la pression ? Il faut donner à son enfant les moyens d'exprimer sa passion pour le sport, c'est essentiel, il faut échanger avec lui sur ses performances, témoigner de l'intérêt pour ce qu'il fait. Mais il ne faut surtout pas confondre son rôle de parent avec celui de l'entraîneur.

Ne nous y trompons pas : le premier conseiller d'un joueur, c'est son éducateur. Pour autant, il ne faut surtout pas s'en tenir à un seul son de cloche. Il est toujours profitable de confronter l'analyse de l'éducateur à celle d'un autre pour se forger, au final, sa propre opinion. Un éducateur peut être aveuglé par les yeux de la passion et voir son petit protégé plus beau qu'il n'est. À l'inverse, il peut se tromper, ne pas avoir décelé des aptitudes au plus haut niveau, ou avoir recours à des méthodes trop dures, qui cassent ceux dont il est censé favoriser l'envol. Dans le football, les chemins qui conduisent au sommet de la pyramide sont escarpés mais nombreux. Dans la construction d'une carrière, ce qui compte vraiment, ce n'est pas d'être champion de France des moins de 15 ans, mais de devenir footballeur professionnel à 18 ans. Un titre semblable à celui-ci constitue souvent un temps de passage trompeur. Je suis bien placé pour en parler, moi qui n'étais jamais convoqué en équipe de France jeunes. Je suis quand même parvenu à mes fins, en fournissant les efforts qu'il fallait pour arriver tout en haut. J'avais développé une rage en moi si forte, une envie de prouver si intense, qu'elles compensaient ma taille modeste. Cette force est devenue consciente quand j'ai su l'appréhender, la juguler pour m'en servir, si besoin. Lors de ma troisième et dernière année de juniors, j'ai commencé la saison avec la moins bonne équipe. Les meilleurs de la catégorie jouaient au minimum avec les seniors en Division d'honneur, le plus souvent en Division 3.

En quelques mois, j'ai sauté toutes ces étapes pour me retrouver à m'entraîner avec les pros.

S'il faut encourager les talents précoces, il est dommage, je trouve, de décourager ceux qui peuvent surgir sur le tard. Tirer des plans sur la comète avant l'âge de 18 ans n'a aucun sens. Beaucoup de choses se bousculent dans la vie d'un adolescent. La croissance, les hormones, la maturité. Deux joueurs nés la même année doivent-ils être considérés sous le même angle si le premier a vu le jour en janvier et le second en décembre ? Je suis né en décembre et ça n'arrangeait rien à mon déficit physique de départ… Le déracinement précoce est un autre fléau. Les chiffres montrent que l'éloignement du cocon familial est un facteur d'échec. En optant pour Bordeaux à l'adolescence, je pense avoir trouvé le bon compromis entre la qualité de l'apprentissage et la proximité de ma famille. L'éloignement familial explique les statistiques éditées par la Direction technique nationale, qui montrent clairement que les meilleurs joueurs de 13-14 ans sont rarement parmi les premiers sur la ligne d'arrivée. Ce n'est pas la seule explication. Parfois, le système lui-même tue ses propres génies en herbe. Le gamin de 12-13 ans qui possède déjà une promesse de contrat d'un club pro et un accord avec un équipementier est-il placé dans les conditions idéales pour apprendre la valeur des choses ? Je n'en suis pas sûr du tout. J'ai attendu le milieu de ma carrière professionnelle pour très bien gagner ma vie. Aux Girondins, j'ai longtemps été le moins payé, alors que j'étais déjà un taulier de l'équipe. Je ne m'en suis jamais plaint. J'avais la sensation de construire mon avenir, de capitaliser pour les saisons suivantes, celles de la maturité, quand est venu le moment de récolter les fruits que l'on a semés. Donner beaucoup trop vite n'est certainement pas le meilleur service que l'on puisse rendre à un jeune talent. C'est pourtant ce à quoi incite l'économie du football, plus spéculative que jamais, désormais.

Les familles l'ont bien compris. Certains parents s'improvisent agents. Pour faire fortune, eux aussi, ou pour éviter à leur rejeton un conseiller véreux. Mais leur démarche, aussi sincère et désintéressée soit-elle – ce qui n'est pas toujours le cas, ne soyons pas dupes –, ne revient-elle pas à éviter le mal en passant par… le mal ? Bien sûr, il y a toujours quelques rares exceptions qui confirmeront la règle. Mais, généralement, ce mélange des genres ne débouche sur rien de bon. Quand ce ne sont pas leurs parents, les adolescents sont chaperonnés par des agents. Officiels ou officieux, sérieux ou fantasques. C'est beaucoup trop tôt, ça en devient même effrayant. À mon époque, tout était beaucoup plus simple. Aucun manager ne nous attendait à la sortie des vestiaires. Ils pointaient leur nez une fois que nous étions pros. À la place des parents, je mettrais ces agents à distance. Le seul enjeu, c'est de choisir le bon centre de formation. Ce choix ne doit pas être dicté par l'argent. Vous allez penser que je suis naïf. Je sais que les primes à la signature existent pour les meilleurs ados, comme les avantages en nature offerts à l'entourage proche du prodige en herbe. Les privilégier, c'est adopter une vision à court terme.

En réalité, une fois dans un centre de formation, un gamin a besoin de sérénité pour travailler et s'épanouir. La fin de l'insouciance arrivera suffisamment vite comme ça. L'encadrement offert par les clubs, entre les techniciens, les intendants, les médecins, les professeurs, est suffisamment large pour ne pas avoir recours à des conseillers, surtout quand ces derniers ne voient pas plus loin que le bout de leur nez. Nous avons évoqué les ravages du déracinement familial. Désormais, des mômes se retrouvent parachutés dans des clubs étrangers. Ils débarquent dans un univers dont ils ne connaissent ni les codes ni la langue. Souvent, ils échouent.

Un agent ne devient vraiment utile qu'au moment de la signature du premier contrat pro, quand il est important de bien négocier son salaire, la durée de son contrat et ses conditions. Sa connaissance du marché doit permettre de mener une négociation correcte avec le club. Il ne s'agit pas d'accorder sa confiance au premier venu, mais d'en rencontrer plusieurs, et de déterminer celui qui fait le meilleur effet. Un bon agent doit penser d'abord à la carrière de son joueur avant de penser à sa commission, il doit avoir un réseau suffisamment étoffé pour mener le joueur là où son talent le mérite, savoir se montrer malin dans les négociations et être capable d'ouvrir les yeux du joueur à l'heure du choix sportif. Un bon agent, ce n'est pas l'homme d'un coup, c'est un soutien, une compétence qui accompagne le joueur dans son ascension, dans son plan de carrière. La confiance est primordiale. Le joueur lui confie son destin. Un agent qui me dit « joue au foot, je m'occupe de tout », pour moi c'est louche, donc rédhibitoire. Pour moi, un bon agent doit tout dire, expliquer ses conseils, faire preuve de pédagogie, et doit aider le joueur à être responsable de ses décisions. Un bon agent doit aussi se contenter de gérer la carrière sportive et les négociations de contrat. L'agent qui assure être compétent aussi dans la communication, le conseil financier, le marketing, qui veut être partout, risque au final de n'être au rendez-vous nulle part.

Le joueur, lui, a tout intérêt, pour minorer les risques, à multiplier les compétences autour de lui. Ne pas vouloir s'occuper de ses affaires est une forme de fainéantise qui peut coûter cher. L'argent géré par un banquier, les aspects juridiques par un avocat, c'est quand même mieux. Être bien conseillé, ce n'est pas impossible. Il n'y a même pas besoin de faire le tour des conseillers en patrimoine, ils se débrouillent toujours pour approcher les joueurs, par des connaissances communes notamment. Ils les accostent après un entraînement, leur présentent leurs placements sur de belles plaquettes. C'est là où il convient de faire attention. Pour un jeune joueur, les termes employés dans les contrats ressemblent à du chinois. Il s'agit pourtant de les comprendre avant de les signer. Pour savoir si le conseiller est fiable, il faut déjà qu'il soit recommandé par des gens de confiance. Il faut que le joueur soit en mesure de lui poser des questions pour savoir si ses réponses tiennent la route. Il m'est arrivé de débusquer des apporteurs d'affaires, qui ne connaissaient pas vraiment ce qu'ils cherchaient à me vendre. Ce n'est pas évident. Je l'ai vécu. Les pièges sont nombreux, le danger est réel. On fait tous des erreurs, par méconnaissance ou par précipitation. Comme sur le terrain, il faut tirer des enseignements de chaque erreur pour en faire le moins possible. Une enquête a montré aux États-Unis que de très nombreuses grandes stars des sports US, qui avaient amassé plusieurs millions de dollars au cours de leur carrière, finissaient ruinées. Le foot n'échappe pas à cette sinistre vérité. Avant d'aller faire un détour à la concession Ferrari, un joueur devrait déjà penser à faire la différence entre ses revenus bruts et ses revenus nets, à se mettre à l'abri en acquérant sa première maison. Ça devrait aller de soi ? Ça va mieux en le disant. Penser que leur train de vie de joueur ne sera pas le même une fois la carrière terminée et que, s'il n'anticipe pas, il peut vite les envoyer dans le fossé. Quand il est au top du top, un joueur est adulé, courtisé, choyé. Dès qu'il arrête… tout s'arrête net aussi. Et il doit se débrouiller. Je n'aurais pas supporté de ne pas avoir mon indépendance financière. Elle permet de faire ce qu'on veut, pas ce qu'on serait obligé de faire. Clamer qu'on est libre, c'est bien joli. Mais la première liberté, elle est matérielle. Donc elle se gagne. D'où la nécessité de ne pas faire n'importe quoi.

Il y a un côté bling-bling chez les footballeurs qui est parfois drôle, caricatural, bien campé dans certains films qui parodient le monde du foot. Le danger, dans un vestiaire, c'est de se laisser entraîner dans des concours futiles. Qui a la plus belle montre, la plus belle bagnole. Les signes extérieurs de richesse n'ont jamais été ma tasse de thé. Je n'avais pas besoin d'être au volant d'un rutilant bolide pour me sentir important. Sur le plan vestimentaire, ma tenue de prédilection, c'est un jean et un tee-shirt. J'ai des costumes impeccables, mais les concours de sape qui animent la vie des vestiaires, ça n'a jamais été mon truc. Mais je me marrais bien quand je voyais arriver mes potes à l'entraînement avec leur nouveau look. Ça a pris encore une autre dimension avec les nouvelles générations. Quand je vois la tête de Didier Deschamps en découvrant l'accoutrement de ses joueurs arrivant à Clairefontaine, c'est parfois à se tordre de rire. Ce sont des codes qui répondent aussi au besoin d'une image. Avoir un conseiller communication-image est devenu primordial, afin de ne pas faire n'importe quoi non plus dans ce domaine quand les premières sollicitations affleurent, qu'elles soient médiatiques ou publicitaires. C'est devenu un enjeu important, puisqu'il s'agit d'une source de revenus, mais aussi d'ennuis potentiels. Avec la multiplication des médias, l'importance prise par les réseaux sociaux, l'instantanéité de l'information, pouvoir compter sur le jugement d'un pro capable de délivrer le bon conseil, prendre du recul, calmer un joueur en l'aidant à relativiser, ne pas laisser les autres parler en son nom, est devenu essentiel.

Pour gérer une carrière, je le disais précédemment, la majorité des joueurs font appel à un agent sportif. J'ai expérimenté plusieurs formules. J'ai travaillé avec un agent classique, un avocat, un conseiller, j'ai négocié mes contrats en direct, au Bayern, quand j'étais plus expérimenté et parce que c'était le Bayern… Il n'y a pas une formule meilleure que l'autre, ça dépend des cas. Et là aussi, tout ne peut pas être parfait. Mais il faut commettre le moins d'erreurs possible. Si je m'en suis bien sorti, je le dois d'abord à mon éducation et à ma curiosité. Toutes les questions que j'ai pu poser m'ont très certainement permis d'y voir plus clair à l'heure de choisir le meilleur chemin. Dans la vie, c'est bien de comprendre le choix que l'on s'apprête à faire. C'est légitime, indispensable, même.

Les structures autour des joueurs ont évolué en même temps que leur métier. Les organisations d'hier ne sont plus adaptées aux exigences d'aujourd'hui. Paul Pogba, par exemple, travaille avec un agent, une avocate et Adidas, dont il est l'une des égéries, et a mis son immense logistique au service de sa communication. Il doit, malgré tout, tenter de rester le plus authentique, le plus accessible possible. Ce n'est pas simple et je plains les joueurs aujourd'hui. Ils sont confrontés à plus de tout. Plus d'argent, plus de sollicitations, plus de critiques violentes, plus de buzz. Le foot, à mon époque, me semblait beaucoup plus humain. J'ai eu le temps de devenir un homme et d'apprendre mon métier de footballeur. On ne laisse plus ce temps aux jeunes joueurs, désormais. Ils ont tout, tout de suite, les avantages, financiers notamment, mais aussi les inconvénients. Leur environnement est beaucoup plus sauvage. Sont-ils plus heureux que nous l'étions ? Aiment-ils le foot comme nous l'aimions ? Souvent j'en doute. Un joueur ne devrait jamais perdre son âme d'enfant. Le jeu est un prolongement de la cour de récréation. Son aspect ludique constitue le carburant nécessaire à l'envie d'aller s'entraîner. À un enfant qui veut faire du foot, je conseille tout simplement de prendre un ballon et de jouer, avec un, deux, trois ou quatre copains sur la plage, sur un terrain vague ou dans un club, peu importe. Jusqu'à l'âge de 13 ans, seul doit compter le plaisir de jouer, de progresser en s'amusant. À 13 ans, gagner pour gagner ne présente aucun intérêt. Il ne s'agit pas de banaliser la défaite, seulement de se préserver de la « championnite aiguë », cette maladie qui paralyse toute forme de progrès. À tous les jeunes qui rêvent de faire carrière, je conseille d'être curieux de tout, de l'entraînement, des autres, des anciens du club qui ont un vécu à partager, d'autres champions à travers des bouquins. Après l'école, personne n'avait besoin de me forcer pour que j'aille m'exercer. J'avais cette envie en moi. Dans le foot, on n'a rien sans rien. La motivation est essentielle et elle s'entretient avec le plaisir. J'avais plaisir à aller sur les courts du Tennis Club hendayais imiter le revers à deux mains de Björn Borg, ou sur les terrains des Églantins d'Hendaye reproduire la conduite de balle d'Alain Giresse. Le foot présente un avantage par rapport à beaucoup d'autres disciplines. Un ballon et un mur et tu peux t'entraîner. La base pour devenir un bon footballeur, c'est de ne pas être gêné avec le ballon dans les pieds. On conduit le ballon, ce n'est pas le ballon qui nous conduit. Il fut un temps où une équipe pouvait composer avec quelques bourrins en son sein. Ce n'est plus possible. Désormais, il est inconcevable d'aligner un défenseur avec les pieds carrés, parce qu'à la récupération il doit se muer en premier relanceur. La relance nécessite une grande prise de risque, donc une maîtrise technique parfaite. Elle passe, dès le plus jeune âge, par un travail des gammes. J'ai eu la chance, à Bordeaux, de croiser la route d'Ante Mladinić, un grand formateur yougoslave, dont la méthode était basée sur la répétition des basiques pour affiner la technique et, sur le plan physique, sur le travail de la vivacité et de la détente. C'est lui qui m'a fait toucher du doigt l'importance des appuis dans mes courses. Pierrot Labat, un de mes mentors, a perpétué sa méthode aux Girondins. Je me souviens du travail à la potence pour améliorer la détente et le timing qui m'ont permis, tout au long de ma carrière, malgré ma taille modeste, de rivaliser dans le jeu de tête avec les plus grands. Le travail des gammes est essentiel. À chaque échauffement, tel un pianiste, nous répétions les crochets pied droit, puis pied gauche, nous enchaînions les contrôles orientés, du pied, du genou, de la poitrine, les passements de jambes. Nous travaillions la frappe de balle, le verrouillage de la cheville pour une meilleure maîtrise. Mémoriser un geste permet de développer sa maîtrise, varier son jeu.

Le premier conseil à donner à un gamin mordu de foot, c'est de prendre son ballon et d'aller taper contre un mur. Les sensations que lui procurera cet exercice lui permettront de bien positionner son pied. Les premiers progrès que j'ai effectués, c'est à la porte du garage de mon père que je les dois. De la qualité de ma frappe dépendait le retour du ballon. Le mur permet de travailler deux basiques du foot : le contrôle et la passe, le tout, sans l'aide d'un partenaire. Intérieur, extérieur, cou-de-pied, contrôle du pied, de la cuisse ou de la poitrine… J'ai frappé pendant des heures sur cette porte du garage. Il m'arrivait même, parfois, de me créer, à l'aide de bouts de bois chapardés dans l'atelier de mon père, des petits circuits de dribbles pour compliquer un peu la donne. Et puis, je me suis imposé un temps pour le réaliser. Ma technique individuelle, fruit d'un travail quotidien de plusieurs heures après l'école, s'est affirmée. Il me restait à apprendre à jouer avec les autres. L'esprit collectif s'acquiert grâce à la patience et à la pédagogie des éducateurs. Du coup, le choix du club n'est pas neutre dans la progression d'un joueur. C'est souvent dans les structures les plus organisées que l'on trouve un cadre épanouissant. On y rencontre des éducateurs diplômés, passionnés, capables de faire passer l'intérêt des joueurs dont ils ont l'apprentissage en charge avant le résultat du match du week-end. Comme les joueurs en question sont souvent les meilleurs du coin, la victoire est souvent au rendez-vous et une saine émulation transpire des entraînements. Parmi les éducateurs que j'ai croisés, Norbert Baudias a été sans doute l'un de ceux qui ont eu le plus d'impact sur ma tête. Ses conseils, sa façon de me donner confiance, de croire en moi m'ont boosté. Sa rencontre fut une chance. Deux jeunes au potentiel similaire n'auront pas le même parcours selon les éducateurs qui les accompagneront. Comme dans toutes les corporations, il y a de bons éducateurs, et des mauvais. Tout en respectant l'autorité de celui qui dirige, il est des messages qu'il faut écouter et d'autres qu'il faut savoir fuir. Cela suppose d'avoir un sens critique, de savoir choisir ses conseillers. Une fois ce choix effectué, le respect est le préalable à l'échange. Respect de l'éducateur, bien sûr, mais aussi de l'arbitre, des coéquipiers et des installations qui permettent la pratique.

Dans ce domaine, le football a encore beaucoup à apprendre des arts martiaux, où les symboles conservent toute leur importance. Apprendre un art martial, ce n'est pas seulement apprendre à se battre ou à se défendre. C'est aussi apprendre à maîtriser ses émotions, à respecter son adversaire, à rester humble parce qu'on croise toujours un adversaire plus fort que soi un jour. Il est inenvisageable de commencer un entraînement sans avoir salué son maître et le dojo dans lequel on combat. Il est impossible de s'absenter sans en avoir reçu l'autorisation au préalable. Le positionnement sur le tatami dépend du grade. Au jiu-jitsu brésilien, il ne viendrait pas à l'esprit d'une ceinture blanche de quitter le fond de la salle pour aller se positionner dans la rangée des ceintures bleues, violettes, marron et, encore moins, les ceintures noires qui font toujours face à toutes les autres. Ces pratiques ont quelque chose de sacré, d'immuable. Elles symbolisent le respect, elle matérialise le chemin qui reste à accomplir. Elles devraient être communes à toutes les pratiques sportives.

Dans le football, imagine-t-on un joueur saluer le terrain sur lequel il s'entraîne, imagine-t-on le joueur venir, avant son entraînement, saluer son entraîneur comme son maître ? Imagine-t-on plusieurs rangées de joueurs assis en rang selon leur expérience écouter les consignes de leur coach ? Vous n'y parviendriez pas. Moi non plus… Et pourtant, on est tous d'accord pour reconnaître la belle philosophie des arts martiaux. Sans vouloir jouer les anciens combattants, j'ai connu une période où le respect des anciens n'était pas un mythe, ni un vœu pieux. Ces derniers pouvaient être durs avec les petits jeunes. On considérait que cela faisait partie de leur apprentissage. À Liverpool, la légende des Reds raconte que les jeunes du centre de formation venaient cirer après chaque entraînement les chaussures des joueurs professionnels. À Bordeaux, les plus jeunes ramassaient les plots, les ballons et les chasubles sans le vivre comme une humiliation. Les temps ont changé. Des intendants s'occupent de tout et les plus jeunes se placent en concurrents frontaux des anciens. Du coup, ces derniers ont moins envie de se situer dans l'échange. La transmission des valeurs est altérée. Un gamin de 18 ans se considère l'égal d'un vieux routier trentenaire qui a cinq cents matches au compteur. Si cette forme d'insouciance permet aux premiers de franchir les obstacles plus rapidement, elle pose aussi problème, celui du respect, de l'humilité et de la lucidité nécessaires à leur progression. Je me souviens m'être fait tout petit plus d'une fois quand on m'a ouvert la porte du vestiaire des pros aux Girondins de Bordeaux. Jamais je ne me serais permis de prendre la place de Patrick Battiston ou de Jean-Christophe Thouvenel. Je savais ce qu'ils étaient parvenus à faire en équipe première. Je respectais leur passé, leur palmarès. J'aspirais modestement à marcher dans leurs pas. Je les écoutais religieusement pour satisfaire ma curiosité. J'avais la sensation d'être un privilégié. Cette transmission s'est avérée essentielle dans mon cursus.

À l'heure du football 2.0, la starification attire. Elle a un côté pervers. La médiatisation à outrance a conduit à un curieux paradoxe. La notoriété de beaucoup de jeunes joueurs est désormais supérieure à leur palmarès et leur niveau réel. Il faut être solide pour y faire face, et bénéficier des meilleurs conseils pour prendre les bonnes décisions. L'accompagnement est-il à la hauteur du talent que laissent entrevoir nos plus sérieux espoirs ? Je n'en suis pas sûr et je crains que beaucoup de nos footballeurs ne se cassent les dents en route. On a décrit la génération 1987 comme l'une des plus fortes que le football français ait jamais connue. Karim Benzema est un cas à part, compte tenu de sa mise à l'écart de l'équipe de France par le sélectionneur et de son parcours au Real Madrid. Mais que reste-t-il, en équipe de France, si ce n'est de gros regrets, des Samir Nasri,

Hatem Ben Arfa ou Jérémy Ménez ? Je suis frappé de constater l'absence de partage d'expérience avec les anciens. Chez les All Blacks, des réunions sont organisées entre le capitaine actuel et ceux d'avant pour perpétuer l'esprit, la tradition, les valeurs. Ça fonctionne. La Nouvelle-Zélande est un petit pays qui domine pourtant le rugby mondial depuis des dizaines d'années. Ce n'est pas un hasard. Cet état d'esprit existe aussi au Bayern Munich et dans la majorité des grands clubs européens. Moins en équipe de France, même si Didier Deschamps a fait évoluer les choses quand il a invité Aimé Jacquet en plein stage préparatif de l'Euro 2016. On a beaucoup à apprendre des anciens en général. Ma porte est ouverte aux joueurs de l'équipe de France qui auraient besoin d'un conseil amical. Je me ferais un plaisir, au nom de ce que les Bleus m'ont apporté, de les aider à lever un doute, à trouver un déclic. Le système a voulu faire croire que nous étions inaccessibles, mes anciens coéquipiers et moi-même. Ce n'est pas du tout le cas. C'est curieux, car les ponts existent entre la génération de Platini et la mienne. Entre eux et nous, il y a de l'admiration, du respect. Le respect, l'humilité… Un jour, j'ai entendu un jeune joueur avouer dans une émission ne pas avoir seulement voulu dribbler son adversaire, mais d'avoir cherché à l'humilier. Ce type de raisonnement est catastrophique et ne mène qu'à l'échec. Le dribble n'a d'intérêt que s'il est tourné vers le développement du jeu collectif, l'efficacité et l'objectif final de marquer un but. Aux éducateurs de jouer, en recadrant ceux qui malmènent l'esprit du jeu. Gagner, et perdre trois jours plus tard. Gérer l'euphorie du succès. Savoir se remettre en question après une défaite.

Accepter d'être moins bon quand on a été le meilleur. Le sport en général et le football en particulier sont de formidables écoles d'humilité. Peut-être même la plus belle, à condition de respecter ses règles. À une époque, ceux qui, à l'entraînement, tentaient des petits ponts ou enchaînaient quinze passements de jambes dont quatorze inutiles, juste pour amuser la galerie, se faisaient découper en rondelles par les anciens.

Les enseignements de Knysna

J'ai vécu deux Coupes du monde sur le terrain. Celle de 2010 était ma deuxième en tribune de presse. Sitôt ma carrière terminée, en mai 2006, j'avais commenté le mondial allemand pour Canal+. J'ai rejoint TF1 en 2009 et j'ai accueilli comme une chance de pouvoir vivre le premier Mondial sur ce continent africain dingue de foot. Je me souviens de mon appétit à l'approche de l'événement. Il était énorme. Au-delà du football, j'ai rallié l'Afrique du Sud avec une curiosité aiguë et le désir profond de découvrir un pays et une nouvelle culture. Autant dire que lorsque j'ai embarqué pour Le Cap au début du mois de juin 2010, j'étais animé par l'envie de me forger des souvenirs impérissables. Sur ce plan, les Bleus nous ont servis. Mais pas comme je l'avais envisagé.

Que reste-t-il, aujourd'hui, de Knysna, son arrière-pays et ses collines boisées, sa lagune, son port ouvrant sur l'océan Indien ? Une grève qui n'aurait jamais dû avoir lieu, celle d'une équipe aux abois, livrée à elle-même et donc incapable de se ressaisir, avant de sombrer et d'entraîner tout le football français avec elle dans l'indécence, la honte. Depuis le dimanche 20 juin 2010,

Knysna n'évoque plus qu'un fiasco sportif retentissant, que personne n'avait vu venir. Tout du moins, pas dans ces proportions. Quelques jours auparavant, n'ayant pas de match à commenter pour TF1, j'avais décidé de partir à la découverte de l'Afrique du Sud et d'un de ses lieux mythiques dans l'univers du surf : Cape St-Francis, célébré dans le film *The Endless Summer*, et Jeffreys Bay. Ces spots sont situés à environ deux heures de route de Knysna. J'ai embarqué dans cette petite aventure Sylvaine Mignogna de TF1 et Sylvain Charley de RTL. Journaliste et assistante de production, Sylvaine possède l'un des plus gros carnets d'adresses de la presse sportive française. Elle suit l'équipe de France pour la première chaîne depuis près de trente ans et elle a tissé des liens affectifs avec toutes les générations d'internationaux. Avec beaucoup de tendresse, et même si j'ai passé l'âge, je la considère un peu comme ma nounou… À un moment, son téléphone sonne. À l'autre bout de la ligne, le JT de TF1 me réclame.

« Est-ce que Liza est là ?

– Oui, répond Sylvaine.

– Tu peux nous le passer ?

– Non.

– Pourquoi ?

– Parce qu'il est dans l'eau. Il fait du surf.

– Il faut aller le chercher.

– Ça va être compliqué, je ne peux pas aller le chercher dans l'eau et il ne peut pas m'entendre. Il faut attendre qu'il revienne. »

À ce moment précis se joue l'un des épisodes déclencheurs du scandale : à la suite de son altercation avec Raymond Domenech à la mi-temps de Mexique-France, et des révélations de son échange houleux dans les colonnes de *L'Équipe* le lendemain matin, Nicolas Anelka a été exclu de la délégation française par les dirigeants de la Fédération française de football et prié de rentrer chez lui. Bien entendu, dès que je suis sorti de l'eau, nous sommes immédiatement rentrés à Knysna. Toutes les rédactions étaient en ébullition. J'ai enchaîné les interventions médiatiques en direct dans des émissions spéciales et dans les journaux. Ça secouait un peu comme les vagues de l'océan Indien, plus tôt dans l'après-midi. Il nous arrive, avec Sylvaine et Sylvain, de rire en nous remémorant cette anecdote, ce décalage immense entre l'agréable coupure que nous nous étions octroyée et le tsunami médiatique qui nous était tombé sur le coin du nez.

Le choc s'est atténué avec le temps et aussi avec l'enthousiasme de la génération Griezmann. Je comprends que les acteurs de cette tragédie veuillent passer à autre chose. Mais je ne regrette aucun des avis que j'ai été amené à émettre sur ce dérapage : la décision de faire la grève de l'entraînement, prise et assumée par l'ensemble du groupe, était stupide et grave. À chaud, logiquement, les critiques se révélèrent unanimement sévères et sans appel. À la hauteur, en somme, de l'affront que les Bleus avaient infligé à leur sélection, à leur pays. J'ai été amené à commenter en direct cet événement hors normes. Je l'ai fait spontanément, sans arrière-pensée. À Knysna, mon opinion correspondait juste à la dimension de l'événement que nous couvrions. Une Coupe du monde, c'est l'apogée d'une carrière. Il n'est pas admissible de prendre en otage l'équipe de France. Avec le recul, on peut cependant pointer certains excès et en tirer quelques enseignements, profitables à tous.

Enseignement n° 1 : le silence n'arrange rien. Le sujet Knysna ne revient plus en boucle depuis le barrage retour qualificatif pour le Mondial 2014 remporté par les Bleus face à l'Ukraine, le 19 novembre 2013. Mais une incompréhension tenace subsiste. Un mystère n'a toujours pas été percé. Les années ont passé et, comme beaucoup, je n'ai toujours pas compris comment des internationaux avaient pu en arriver à cette extrémité, deux jours avant un match de Coupe du monde. Saura-t-on, un jour, pourquoi les Bleus de 2010 se sont engagés dans un bras de fer perdu d'avance ? Entre les coups de bluff de Raymond Domenech pour masquer son autorité perdue, la recherche obsessionnelle de la taupe par le capitaine Patrice Évra en conférence de presse, des dirigeants dépassés par les événements, le poids d'un riche héritage difficile à assumer quand on n'est sûr de rien et surtout pas de son jeu, je peux comprendre qu'ils se soient sentis seuls, un peu abandonnés. Ce que je comprends moins, c'est pourquoi aucun d'entre eux n'a jamais expliqué clairement ce qui s'était passé dans les couloirs du Pezula Hotel, comment ils avaient pu prendre la décision de sécher collectivement une séance d'entraînement en pleine Coupe du monde, sachant que la planète entière les observait. Cette omerta est gênante. Elle laisse même la place à toutes les interprétations. Pourquoi les grévistes de Knysna ne voulaient-ils ou ne pouvaient-ils pas vider leur sac ? Pourquoi aucun joueur ne s'est-il levé pour siffler la fin de la « récré » ? Ces questions restent. Avec le temps, et le poids du public scandalisé par leur attitude, la grande majorité des joueurs a fini par admettre, pourtant, une énorme erreur de jugement ce 20 juin 2010. Je n'ai jamais été adepte des grands déballages, mais je suis persuadé, dans ce cas précis, que si la parole s'était libérée, l'équipe de France n'aurait pas traîné Knysna comme un boulet aussi longtemps. À l'Euro 2012, Samir Nasri et Jérémy Ménez, mais surtout Yann M'Vila et Hatem Ben Arfa ont pris la marée médiatique après l'élimination en quart de finale contre l'Espagne, alors que leurs dérapages étaient sans commune mesure avec ceux commis deux ans plus tôt. Pendant de trop longs mois après la Coupe du monde 2010, j'ai eu la dérangeante sensation qu'il fallait convoquer le peloton d'exécution chaque fois qu'un joueur approchait un orteil de la ligne jaune.

Enseignement n° 2 : l'autorité de l'institution, ça aide. De Knysna, je garde aussi le souvenir d'un déballage médiatique sans fin. Des supporters désabusés au chef de l'État préoccupé, en passant par la communauté footballistique dépitée ou la sphère politique jamais avare d'une leçon de morale à bon compte, chacun y est allé de son avis, plus ou moins éclairé, plus ou moins pertinent. Dos au mur, la Fédération française de football a été contrainte de se remettre en question. Jean-Pierre Escalettes, son président, a démissionné, l'instance a balayé devant sa porte en organisant ses états généraux, préludes à une refonte en profondeur. De Knysna, Noël Le Graët a retenu qu'il était contre-productif de commencer un grand tournoi avec un sélectionneur sur le départ. Quand Raymond Domenech s'est envolé pour l'Afrique du Sud, le nom de son successeur, Laurent Blanc, avait déjà été dévoilé. Didier Deschamps s'est projeté sur les Coupes du monde 2014 et 2018, comme sur l'Euro 2016, avec deux années de contrat devant lui, ce qui n'est pas neutre en termes d'autorité et de légitimité sur son groupe. La FFF s'est « professionnalisée ». La sélection bénéficie désormais d'un soutien populaire au Stade de France, mais aussi quand elle se produit à l'étranger. Vu la défiance à laquelle elle a dû faire face après le Mondial 2010, le réchauffement du climat entre les Bleus et ses supporters est une bonne nouvelle.

Enseignement n° 3 : si les tauliers avaient été suffisamment légitimes ou clairvoyants pour analyser la réalité en face, jamais nous n'aurions atteint une telle extrémité. La prise de bec houleuse entre Robert Duverne, le préparateur physique, et Patrice Évra, le capitaine, conclue par le lancer du chronomètre du premier ; les rideaux tirés du bus, dans lequel les joueurs se sont retranchés et dont ils ne descendront plus ; le sélectionneur, Raymond Domenech, devenu porte-parole des mutins le temps de la lecture de leur communiqué censé justifier l'injustifiable ; les dirigeants de la Fédération consternés mais impuissants, qui font les cent pas sur le terrain ; la colère de Jean-Louis Valentin, qui démissionne sur-le-champ de son poste de directeur délégué… Relayées en direct par les caméras du monde entier, ces images sont instantanément devenues les symboles d'un immense fiasco. Elles ont aussi relégué au second plan une autre vérité : avant de sombrer, cette équipe avait cessé d'en être une sur le terrain depuis longtemps.

« Quand on construit sur un terrain aussi instable, il y a de grandes chances pour que tout s'écroule » : telle est la conclusion de ma chronique dans *L'Équipe*, cinq jours avant l'entrée en lice des Bleus contre l'Uruguay en Afrique du Sud. Un sportif de haut niveau est formaté pour gagner. Mais il doit savoir perdre, aussi. La défaite fait partie de l'apprentissage. Ma génération a vécu de nombreuses victoires éclatantes avec les Bleus mais aussi un revers particulièrement cuisant. En 2002, en Corée du Sud, nous n'avons pas été à la hauteur des titres de champions du monde et d'Europe que nous venions de remporter. Des dysfonctionnements, des problèmes nous avaient également perturbés au cours de la préparation. Il faut reconnaître que nous n'étions plus aussi concentrés, aussi frais qu'avant. Notre fierté a pris une énorme claque mais nous sommes rentrés à la maison prématurément sans faire d'esclandre.

Enseignement n° 4 : désormais, les murs ont des oreilles. Les insultes de Nicolas Anelka contre Raymond Domenech ont marqué les esprits. Sans vouloir les banaliser, il convient quand même d'admettre, au préalable, qu'un vestiaire n'est pas un salon de thé. La pression génère de la nervosité, la tension laisse peu de place à la bienséance. Ceci précisé, la scène qui se joue dans celui de Polokwane à la mi-temps de France-Mexique, le 17 juin, tient de l'exceptionnel. Je n'ai pas le souvenir, au cours de ma carrière, d'avoir entendu souvent un coéquipier s'en prendre en des termes aussi crus à son entraîneur. Domenech pensait avoir réglé le problème en remplaçant Nicolas Anelka par André-Pierre Gignac. Si son plan avait fonctionné, il n'aurait sauvé au mieux que les apparences. La diffusion des insultes a marqué un tournant qui n'a pas été sans conséquences dans le quotidien de toutes les équipes très exposées. Jusqu'à la révélation de ce clash, les vestiaires étaient des sanctuaires inviolables. J'ai toujours pensé que ce qui se passait dans un vestiaire devait y rester. Comme tout le monde, les joueurs ont besoin d'un espace privé. Je le pensais quand j'étais joueur, je n'ai pas changé d'avis en devenant consultant. Bien entendu, la liberté de la presse est fondamentale, les journalistes doivent faire leur boulot. Le système médiatique actuel les incite à avoir des oreilles ou des yeux partout. Il me paraît cependant important de mieux délimiter le champ du public de ce qui doit rester privé. Mais il faut dire que parfois les journalistes n'ont pas besoin d'installer des micros. Des joueurs – ou des membres de leur entourage – acceptent d'être leur relais, et les récits qu'ils ébruitent sont souvent d'une précision chirurgicale. Dans la logique de groupe que défendent tous les entraîneurs, cette transparence pose problème. Quand un accrochage entre deux joueurs, ou entre un joueur et son entraîneur, devient public, les passions se déchaînent au gré des réactions de l'opinion ou des observateurs, qui n'en connaissent pourtant ni les tenants ni les aboutissants. Au nom de l'exemplarité, une pression s'exerce ensuite sur les décideurs pour qu'ils prennent des sanctions. Sinon, on les taxera de laxisme. Anelka a été jugé et lourdement sanctionné par la Fédération pour ses insultes, autant que pour leurs répercussions. On peut aussi considérer que s'il avait accepté de présenter ses excuses à Domenech, l'affaire n'aurait sans doute pas pris ces proportions. Le vestiaire est devenu un lieu écouté. Comme tout un tas de conversations normalement privées. On décrypte ce qu'un entraîneur dit à son joueur sur le terrain, ce qui les oblige à poser leur main sur la bouche pour parler. Des spécialistes de la lecture labiale avaient été convoqués pour mettre des mots sur la discussion entre Roger Lemerre et Didier Deschamps juste après la finale de l'Euro 2000, captée par les caméras de télévision. Depuis, Didier cache sa bouche avant de parler devant les caméras. Il a fait beaucoup d'émules. Quand ce n'est pas le cas, les joueurs tournent souvent sept fois leur langue dans leur bouche avant de parler.

Enseignement n° 5 : l'histoire, ça se respecte. L'équipe de France a une longue et riche histoire. Les sélectionnés et le sélectionneur ne sont que de passage. Dès leurs débuts, ils doivent être conscients qu'on leur a transmis un héritage et qu'ils auront la responsabilité d'en faire de même avec ceux qui les remplaceront. Je l'ai souligné un peu plus tôt, la force du mythe des All Blacks repose sur le respect de l'histoire, des générations passées, des symboles et impose un cadre aux nouveaux venus. Si ce cadre avait existé en équipe de France en 2010, les Bleus de l'époque se seraient-ils permis une grève de l'entraînement ? J'en doute fortement. Dans les plus grands clubs de foot à l'étranger, l'institution est sacrée. Aucun joueur n'est au-dessus et n'a le droit de la piétiner. L'entretien de l'esprit collectif et des valeurs, l'attachement à un maillot prestigieux, ce n'est pas juste pour faire beau, loin de là. Le respect de l'institution s'impose à tous, du président au magasinier en passant par les pensionnaires du centre de formation. Celui qui oserait s'essuyer les pieds dessus serait viré. Quand Didier Deschamps demande à ses joueurs de placer la sélection nationale au-dessus de tout, il ne fait que reproduire ce qu'il a connu à la Juventus Turin ou en sélection. Si, à une époque, certains joueurs se permettaient d'adopter un comportement différent en équipe de France que dans leur club, c'est bien que l'exigence n'était pas la même. La bonne nouvelle, c'est que la génération actuelle est en train de retisser le lien intergénérationnel qui s'était brisé en Afrique du Sud. J'ai pu le constater à de nombreuses reprises en allant interviewer Antoine Griezmann, Kylian Mbappé, notamment. Et j'en suis ravi.

Comment je suis devenu « footballiste »

Un quotidien bouleversé sans préavis, des priorités, vieilles de vingt ans, qui s'effacent du jour au lendemain, la lumière des projecteurs qui pâlit d'un coup… Pour un sportif de haut niveau l'arrêt d'une carrière est une étape compliquée, brutale. Un choc psychologique et physique violent. Le meilleur moyen, à mes yeux, d'en sortir indemne est de conserver une activité sportive et de basculer vers une autre activité professionnelle même à temps partiel. Couper pendant six mois, partir en vacances pour compenser toutes les frustrations que les exigences de la vie d'un sportif de très haut niveau génèrent, pourquoi pas, mais après… L'oisiveté et moi ne faisant pas bon ménage, il m'a fallu réfléchir à ma reconversion sans traîner. J'ai tendance à penser qu'il vaut mieux anticiper. Certains trouvent rapidement leur voie, comme s'il s'agissait d'une vocation. On dirait qu'ils sont prédestinés. Didier Deschamps était encore le capitaine de l'équipe de France que son avenir esquissait déjà une brillante carrière d'entraîneur. En ce qui me concerne, c'est plutôt dans la case médias que l'on a très rapidement imaginé la suite de ma carrière. Les journalistes me considéraient comme un bon client parce que je n'ai jamais été mal à l'aise devant un micro, parce que leur compagnie ne m'a jamais incommodé, bien au contraire. Quand nous étions en stage, repliés sur nous-mêmes, j'envisageais leur visite comme l'opportunité d'échanger sur des sujets différents, comme une ouverture bienvenue vers l'extérieur, sans craindre de me faire éventuellement piéger.

Me voici donc de l'autre côté de la barrière, affublé d'un titre qui ne me convient pas. Je n'aime pas le mot consultant et son côté fourre-tout. Expert est un terme un peu grandiloquent, que certains médias cuisinent à toutes les sauces. Le mot spécialiste cadre un peu mieux, je trouve, avec les connaissances, théoriques et pratiques du foot, mais reste très généraliste. Le journaliste Geoffroy Garétier s'est autodéfini comme « footballogue » qui n'est pas la contraction de footballeur et gynécologue, mais une approche qu'il qualifie de plus scientifique et statistique du foot. Au final, je ne trouve pas de qualificatif pertinent, à part peut-être « footballiste », à mi-chemin entre le footballeur et le journaliste. Des journalistes j'ai la curiosité et la méthodologie de travail. Mais je demeure avant tout footballeur et sportif dans l'ADN. Comme les milieux ou les attaquants d'hier, les journalistes sont devenus mes collègues de travail. Mon quotidien a très vite ressemblé au leur, notamment lors des grandes compétitions ou pendant les rassemblements des Bleus. J'éprouve un grand respect pour leur métier et leurs missions, particulièrement le reportage. Aller chercher l'information à la source, sur le terrain, ne pas relâcher ses efforts pour se rapprocher le plus possible de la réalité, de la vérité, telle est, à mes yeux, la noblesse de leur métier. Encore plus quand il s'agit d'être reporter sur des terrains de guerre où tu risques ta vie. J'ai eu le temps d'apprendre leurs codes, écouter leurs convictions, comprendre leurs impératifs, la tension qui rythme leur quotidien à l'approche d'un événement important. J'ai pu observer aussi, depuis plus de dix ans, des changements dans leur fonctionnement, des dérives et des excès.

Les médias se sont présentés à moi comme un challenge. J'ai plongé dedans avec une grande curiosité, l'envie de comprendre et de progresser. Mes débuts à la radio remontent à l'époque des Girondins dans les années 90. Avec Alain Bauderon, qui a été mon premier « coach média », j'ai animé l'émission *Carte blanche* sur Wit FM, une radio locale bordelaise. Il était question de sport, mais aussi d'aventure, de gastronomie ou de musique. Pendant deux années, de 1993 à 1995, je me suis bien amusé et j'ai beaucoup appris. À la fin de l'Euro 2000, Étienne Mougeotte, alors patron de TF1, m'a fait savoir qu'il aimerait bien me recruter une fois mes crampons raccrochés. Dans la foulée, j'ai connu ma première expérience à la télé. *La Nature des champions*, l'émission que je coanimais, était un programme novateur, original qui faisait le lien entre les qualités athlétiques du sportif et celles tellement plus développées de l'animal, mais il n'a pas trouvé son public assez rapidement pour s'installer durablement dans la grille de France 2. J'ai finalement fait mes grands débuts dans les médias sur Canal+, en 2006, avant de rejoindre le service des sports de TF1, trois ans plus tard.

Pourquoi Canal pour une première collaboration ? Mon amitié avec Jean-Charles Sabattier, qui couvrait l'actualité de la Bundesliga pour le compte de la chaîne cryptée, a compté, comme mes relations avec Michel Denisot, ou Alexandre Bompard qui dirigeait alors le service des sports. Pour prolonger cette aventure prenante, puisque j'étais amené à commenter des rencontres de Ligue des champions et à participer en plateau au Canal Football Club, il aurait fallu, en 2009, que j'accepte les nouvelles exigences de la chaîne : lui réserver l'exclusivité de mes interventions en tant que consultant, alors que je travaillais aussi à la radio pour RTL, et renoncer à un contrat d'image avec la Française des jeux. J'ai tenté d'expliquer sur le premier point que mes activités sur RTL étaient complémentaires de celles à Canal, la radio étant, à mes yeux, le centre de formation idéal à tout consultant, puisque je touchais à tous les aspects du métier. Sur la seconde, il était clair que nous ne pourrions pas nous entendre, que je ne pouvais pas céder la gestion de mon image. De Canal, je conserve néanmoins le souvenir d'une très belle maison et de trois saisons pleines, de grands souvenirs comme les débuts du Canal Football Club avec Hervé Mathoux, les matches de Ligue des champions, et les Jeux olympiques à Pékin en 2008, où je partais en reportage en immersion dans différentes disciplines comme la lutte, le plongeon ou la gymnastique.

Désormais, entre TF1, RTL et *L'Équipe*, ma vie de consultant est aussi remplie que variée. Elle présente quelques avantages sur celle d'avant. La vie d'un footballeur professionnel est faite de voyages et de frustrations. Nous voyagions dans d'excellentes conditions, étions logés dans des établissements très confortables, nous jouions dans des stades souvent magnifiques, mais la découverte du pays se limitait à celle de l'aéroport, de l'hôtel, du stade, et du car chargé d'assurer les liaisons. Lors d'une grande compétition, nous nous retrouvions le plus clair du temps cloîtrés dans notre camp de base entre les matches. C'est quand même extrêmement frustrant. Ma vie de consultant m'a permis de découvrir l'Afrique du Sud et le Brésil. Au-delà des parcours réalisés par l'équipe de France, j'ai pu prendre le pouls du pays dans lequel je séjournais, j'ai pu rencontrer des cultures que je ne connaissais pas. Il faut être allé sur la plage de Copacabana suivre un match de la Seleçao auriverde pour saisir la force du lien passionnel entre un pays et son équipe nationale, avoir joué au footy volley ou à l'altinho sur la plage d'Ipanema pour comprendre le rapport charnel des Brésiliens avec le ballon. J'ai également pu me rendre compte, en visitant les favelas de Rio, que la misère avait été camouflée pendant que les projecteurs étaient braqués sur le pays. Je n'ai malheureusement pas été surpris d'apprendre que la violence et l'insécurité avaient repris la place qui était la leur avant la Coupe du monde. De l'Afrique du Sud, je suis rentré avec des images plein la tête, la côte magnifique, la misère des townships, Jeffreys Bay, temple du surf hippie des années 70, Cape Town, capitale parlementaire du pays située à une cinquantaine de kilomètres du cap de Bonne-Espérance, sublime ville coincée entre l'océan Atlantique et la Table Mountain, nommée ainsi en raison de sa forme aussi large que plate. Comme à Rio de Janeiro, l'énergie dégagée me semblait familière. J'avais l'impression d'être chez moi, entre l'océan et la montagne.

Quand je jouais, il me fallait gagner des matches pour aller au terme d'une grande compétition. Désormais, je suis qualifié d'office pour les finales. Celle de l'Euro 2016, entre la France et le Portugal, m'a offert une balade dans le temps, les Bleus ayant la possibilité, ce soir-là, de rejoindre ceux de ma génération, championne d'Europe en 2000. De la pelouse du Feyenoord de Rotterdam, où nous avions fini par battre l'Italie grâce au but en or de David Trezeguet, aux tribunes du Stade de France, autant l'admettre d'emblée : la pression, pour moi, n'était en rien comparable. J'ai passé la journée à Paris et j'ai rallié Saint-Denis en taxi-moto. Je fais toujours en sorte d'être au stade deux heures avant le coup d'envoi, au minimum. Quand il est donné à 21 heures, j'interviens sur RTL à 20 heures et, une demi-heure plus tard, je rejoins Grégoire Margotton sur le plateau de TF1. Nous avons un petit rituel de prononciation des noms de l'adversaire, non pas pour maîtriser l'accent parfois impossible mais pour être certain d'appeler les joueurs de la même façon… Nous répétons l'introduction de l'avant-match à blanc. Ce petit exercice, qui dure trois à cinq minutes, permet au réalisateur et à ses cameramen de se caler. Entre la répétition et le vrai direct, j'avoue que je ne dis jamais tout à fait la même chose : je ne sais pas réciter un texte que j'aurais préparé un peu plus tôt dans la journée. Ma préparation se termine par mon « déguisement ». Il y a d'abord l'« alerte mèche », ma seule coquetterie stylistique avec mes cheveux et le nom de code que je partage avec Sylvaine Mignogna en cas de problème capillaire à l'antenne… À la télévision, j'ai dû admettre que la forme, le paraître, compte. C'est donc à peu près les seuls moments de ma vie où j'enfile un costume et une cravate. Je m'y suis fait après y avoir été longtemps réfractaire. Je n'admets toujours pas que l'habit fasse le moine. Mais bon, il paraît que je suis plus élégant et je crois savoir que ça fait plaisir à ma mère. Alors...

Ce 10 juillet 2016, pour la finale de l'Euro, je n'ai pas eu besoin de me déguiser. Je suis intervenu aux côtés de Jérôme Millagou et de Philippe Sanfourche sur RTL puis j'ai rejoint les invités de la Française des jeux avant que débute la rencontre. Codétenteurs des droits de retransmission de la compétition, M6 et TF1 s'étaient partagé les matches de la bande à Deschamps par tirage au sort. À ce petit jeu, c'est M6 qui avait décroché le gros lot. Avec Grégoire, notre Euro s'était donc arrêté à Marseille, lors de la demi-finale contre l'Allemagne : plus de 19 millions de téléspectateurs avaient les yeux rivés sur leur écran. Plus d'un Français sur quatre, en somme. Ça fait quand même du monde « au balcon »... Évidemment, l'impact d'une telle audience n'est pas neutre. Les commentateurs sont plus exposés. Et pourtant, on ne peut pas dire qu'en pareilles circonstances, le trac m'envahit. Il y a bien une petite tension, la crainte de passer à côté d'un fait marquant, de ne pas employer le mot juste. Faire vivre un match en direct à des téléspectateurs ou des auditeurs nécessite une concentration de tous les instants. Et donc une mise entre parenthèses des questions existentielles. Avec le temps, j'évite l'écueil qui consiste à me demander à qui je m'adresse. De l'autre côté de l'écran, sur TF1, le public est très large. Se trouvent des jeunes, des anciens, des femmes, des hommes, des experts du jeu et des novices de passage pour le plaisir d'un événement. Les profils sont tellement différents que j'ai estimé que le plus simple était de rester fidèle à ma nature, sans me torturer l'esprit, ni de jouer un rôle. Les dirigeants de TF1 ne m'ont pas fixé un cahier des charges. Ils m'ont pris pour ce que j'étais. Au micro, l'hystérie n'est pas ma tasse de thé. Pourtant, il m'arrive de sourire en me réécoutant quand je m'enflamme. Comme sur le but victorieux de Dimitri Payet à une minute de la fin du temps réglementaire contre la Roumanie lors du match d'ouverture de l'Euro.

Mes expériences similaires en tant que footballeur ont été plus intenses, plus stressantes. Celles que je vis encore comme sportif sont bien plus fortes et dangereuses... Ça m'aide à relativiser, à ne pas me laisser perturber, dans mes commentaires, par les enjeux et les émotions qui parfois transpirent des tribunes. Une décennie derrière un micro m'a permis de me forger quelques convictions : les rencontres les plus délicates à commenter ne sont pas les plus exposées, mais les moins vivantes. Quand le ballon va d'un camp à l'autre, il n'y a pas besoin de meubler. Le spectacle se suffit presque à lui-même. À l'inverse, quand la progression du jeu est laborieuse, que les joueurs ronronnent, les recherches d'avant-match sur les joueurs deviennent de précieuses antisèches car il s'agit alors de se battre pour faire vivre le match.

Évidemment, quand on commente « sa » sélection nationale, il est difficile de rester totalement neutre. Tous les médias ont intérêt, économiquement au moins, à ce que les Bleus participent aux grandes compétitions et s'y comportent bien. Ceci précisé, le commentaire cocorico a vécu. Les téléspectateurs attendent de l'objectivité, de la sincérité. Oui, derrière mon micro, je reste supporter de l'équipe de France mais ça ne doit pas m'empêcher de vanter les qualités de son adversaire, s'il est bon. Du dernier acte de l'Euro 2016, je me souviens d'une désillusion. Les Bleus, happés par l'enjeu, n'ont pas réussi à être à l'heure de ce grand rendez-vous. Curieusement, l'équipe de France s'est mise à déjouer après la sortie sur blessure de Cristiano Ronaldo. Je n'ai pas traîné au stade après la victoire portugaise. J'ai honoré mes engagements médiatiques et je suis rentré chez moi comme j'étais venu, la déception en plus. Une finale n'est pas le match le plus compliqué à gérer pour un consultant. On arrive au terme d'un tournoi qui a duré un mois et l'on sait tout, ou presque, des deux équipes finalistes. Il est beaucoup plus ardu de préparer un France-Biélorussie ou un match amical. Dans un cas comme dans l'autre, il est indispensable d'être informé, au préalable, des forces en présence et de l'état des troupes. C'est le minimum de respect qu'un commentateur doit à son audience. Quand la composition des équipes tombe, environ une heure avant le coup d'envoi, je vérifie qu'elle correspond à celle donnée le matin dans la presse. C'est sur cette base que je finalise la préparation de mon match, en sélectionnant toutes les informations que j'ai pu glaner durant les jours qui ont précédé la rencontre.

Une fois au micro, il ne faut jamais perdre de vue que le commentaire d'un match n'est pas un oral où on débiterait tout ce que l'on sait pour obtenir une bonne note. C'est le spectacle qui donne le ton. Le téléspectateur attend d'abord qu'on lui parle du jeu, de son équipe quand il s'agit de l'équipe de France. Il m'arrive encore de conjuguer mes phrases à la première personne du pluriel. Ce « nous » que je prononce naturellement trahit un attachement viscéral à des couleurs qui m'interdit toute forme de méchanceté gratuite. Mais quand on est consultant, il faut dire ce que l'on pense même si parfois c'est négatif. Une critique n'est jamais agréable à entendre. Par contre, il faut faire extrêmement attention à distinguer l'homme de l'entraîneur, du joueur. Cette posture nécessite un minimum de tact, de sensibilité aussi, dans une période où la machine médiatique est de plus en plus agressive. Son appétit semble parfois sans limites. Est-ce une raison suffisante pour l'alimenter ? Il faut faire attention à ne pas se laisser entraîner dans l'outrance. J'ai toujours revendiqué la liberté de pouvoir dire non. Refuser un débat ou ne pas dire ce que la bien-pensance veut entendre. S'affirmer, ce n'est pas bêler comme un mouton au milieu d'un troupeau. S'affirmer, c'est parfois nager à contre-courant, même si on est seul. Ce serait si facile, pour moi, de profiter de mon exposition médiatique pour faire le buzz en taclant gratuitement un joueur ou un entraîneur dans la difficulté. Entre TF1, RTL et *L'Équipe*, j'ai la possibilité de monter le son pour faire du bruit. J'en profite uniquement pour donner mon point de vue, rééquilibrer une tendance qui me semble injuste. Je ne suis pas en mission commandée et je n'attends strictement rien de ceux dont je peux être amené à prendre la défense. Mon indépendance est à ce prix.

À l'automne 2017, je suis monté au créneau pour défendre Didier Deschamps parce que j'ai alors estimé que le climat qui s'instaurait, non pas autour de mon ancien coéquipier mais du sélectionneur, devenait malsain. J'ai eu l'impression parfois de rajeunir de vingt ans et de revivre des scènes de l'ère Aimé Jacquet. À l'époque, comme en 2017, les attaques étaient massives, excessives, injustes et infondées. Qu'on critique l'animation offensive au vu de son rendement, pourquoi pas. Mais remettre en cause les compétences de sélectionneur de Deschamps, franchement… Comment peut-on douter de son savoir-faire ? Qui a renoué un lien chaleureux avec le public ? Qui a redonné un visage sympathique à l'équipe de France ? Qui l'a conduite jusqu'en finale de l'Euro ? On a oublié d'où cette équipe venait. De très, très loin.

La cote de Didier a commencé à se détériorer un peu avant l'Euro 2016, quand il a renoncé à convoquer Karim Benzema dans sa liste des vingt-trois. Si l'affaire du chantage à la sextape a fait des ravages, doit-on oublier que Deschamps en est l'une des principales victimes ? Depuis l'automne 2012, il avait construit son attaque autour d'un pilier, l'avant-centre du Real Madrid. Et alors que le championnat d'Europe se profilait, il a appris qu'à cause d'une sordide affaire, il allait devoir se passer de ses services, mais aussi de ceux de son meneur de jeu, Mathieu Valbuena. Les résultats qui ont suivi l'ont incité à poursuivre sa route avec le groupe né dans la douleur de l'Euro. L'équipe de France s'est qualifiée avec un nombre de victoires record, elle a inscrit en moyenne deux buts par match et, pourtant, avant chaque rassemblement, le débat Benzema revenait sur la table. Ce n'était pas le fruit du hasard. Le but, c'était clairement de mettre Deschamps en difficulté.

L'Euro aurait pu devenir son « totem d'immunité ». Quand Cristiano Ronaldo est sorti, je me suis dit qu'il n'y avait plus que deux scénarios possibles. Une large victoire de la France ou une formation portugaise transcendée et héroïque. Chaque minute qui passait nous rapprochait de la deuxième option. Elle a fini par prendre le dessus et les Portugais ont regagné Lisbonne avec une coupe qui était à notre portée. Depuis ce 10 juillet 2016, des idées fausses ont été véhiculées et ont continué à saper l'image de Deschamps, donc sa crédibilité auprès du grand public. On a jugé qu'il manquait d'audace sous prétexte qu'en Suède, en juin 2017, il avait aligné Moussa Sissoko dans le couloir droit de son action de jeu 4-4-2, plutôt que Ousmane Dembélé. On l'a qualifié de conservateur alors qu'aucun sélectionneur avant lui n'avait fait appel à autant de jeunes talents. Quand on a joué au plus haut niveau, on sait qu'une équipe a besoin de repères, donc de cadres, que des jeunes de 20 ans qui ne comptent pas dix titularisations ne peuvent pas assumer si vite ce statut, quel que soit leur talent. Quand j'écoutais certains spécialistes avancer qu'il suffisait d'associer Anthony Martial, Kylian Mbappé, Ousmane Dembélé et Kinsgley Coman pour avoir une attaque de feu, j'ai manqué de m'étrangler. Il y a leur jeunesse, leur inexpérience, il y aurait aussi une complicité à trouver sur le terrain. Deschamps avait donc raison de ne pas les aligner en même temps. S'il ne faut pas insulter l'avenir, il faut aussi savoir le préserver. Trop exposée au soleil, une jeune et belle pousse finit souvent par se faner. N'oublions jamais que Thierry Henry, l'un des plus grands attaquants de tous les temps, est retourné faire quelques séjours en équipe de France Espoirs, alors qu'il était champion du monde. Ils se sont révélés vivifiants. Regardons comment Zinédine Zidane gère progressivement l'intégration de Marco Asensio, le dernier petit prodige du Real Madrid. Avec patience.

Deschamps ne fait qu'appliquer les principes intangibles du haut niveau et il est victime de la culture « zapping ». Dès qu'un cadre rate quelques matches, il faudrait l'écarter ? Là encore, on navigue en pleine méconnaissance du très haut niveau. Quand un entraîneur parvient à faire émerger des tauliers, ses gars sûrs comme disent les jeunes, il doit les soutenir quand ils traversent un trou d'air. À l'automne 2017, il fallait, si j'en crois ce que j'entendais, sortir Griezmann pour mettre Fekir, Giroud pour Lacazette, Matuidi pour Rabiot. Est-ce que le vécu et l'apport des premiers sont comparables à ceux des seconds en sélection ? Non, évidemment, et ce constat n'a rien d'injurieux pour Fekir, Lacazette ou Rabiot. Quand un joueur déclare qu'il est prêt à mourir sur le terrain pour son maillot, c'est souvent parce que son entraîneur a répondu présent quand il allait moins bien. La vie, comme le foot, c'est donnant-donnant, pas marche ou crève.

La méthode Deschamps a été critiquée et, pourtant, les résultats ont toujours été au rendez-vous. L'équipe de France sous Didier Deschamps a toujours su réagir dans les moments difficiles. La dynamique de groupe, essentielle au plus haut niveau, est là et bien là. Pendant les deux derniers matches de l'année 2017, on a peu parlé d'un absent de marque. Blessé, Paul Pogba a fait le déplacement de Manchester pour saluer ses coéquipiers. Ce petit signe positif en dit long, je trouve, sur le climat très sain qui règne chez les Bleus, le plaisir de se retrouver qui peut faire la différence sur le terrain quand il s'agit de se retrousser les manches. Souvenons-nous de ce qu'il était en 2010. Et savourons, non ? Dans un tournoi comme la Coupe du monde, les tensions internes ne pardonnent pas.

En fait, Deschamps, comme bien d'autres entraîneurs, est victime du temps et de l'air du temps. Les analystes du football expriment souvent une impatience à laquelle les techniciens ne peuvent pas répondre. Si ces derniers veulent bâtir du solide, leur action doit forcément s'inscrire dans le temps. Ils ne peuvent pas tout remettre en cause du jour au lendemain, sous prétexte que leur équipe a essuyé une défaite. Le conservatisme dont aurait fait preuve Deschamps, c'est de la confiance accordée à des joueurs clés, en réalité. Mais la machine médiatique s'en moque. Elle a besoin de mouvement. 1. Deschamps est l'homme de la situation. 2. Deschamps est-il l'homme de la situation ? 3. Deschamps n'est pas l'homme de la situation. 4. Finalement, Deschamps est bien l'homme de la situation… Quatre débats, un même point de départ et d'arrivée. Et pendant ce temps, Deschamps doit conserver sa ligne de conduite, son cap. S'il cède aux sirènes médiatiques pour les faire taire, il court à sa perte. Alors, il se bouche les oreilles et avance, vent de face. Il doit conserver son sang-froid. À l'étranger, les voix des plus grands, comme Messi ou Joachim Löw, s'élèvent pour reconnaître que l'équipe de France fait désormais partie des meilleures de la planète. Mais personne ne veut les entendre, parce qu'elles ne collent pas à la petite musique ambiante. Si Noël Le Graët a prolongé le bail de son sélectionneur, c'est parce que leur binôme fonctionnait bien et pour éviter que DD n'aille voir ailleurs. Que ses détracteurs se rassurent : quand les choses tournent mal, que les objectifs ne sont pas atteints, Didier a démontré, à Monaco, à Marseille ou à la Juventus, qu'il n'était pas du genre à s'accrocher à son contrat. Il reprend sa liberté. Ça non plus, tout le monde ne peut pas en dire autant.

TF1, RTL, *L'Équipe* : la trilogie

Travailler pour trois canaux différents est enrichissant et m'impose une petite gymnastique. Leurs particularités attisent ma curiosité, leur complémentarité écarte toute forme de lassitude ou de frustration. Que ce soit pour la télévision, la radio ou la presse écrite, la pertinence exige une implication totale, un investissement sans faille. Comme n'importe quel journaliste, je m'astreins à une revue de presse quotidienne. C'est indispensable. Tout comme la formation continue que je m'impose avec grand plaisir dans le domaine du sport. Côtoyer d'autres types d'athlètes a fait naître en moi une autre approche du sport, mais aussi du football. Pour traiter cette matière de façon indépendante, il me paraît indispensable de savoir marquer une distance avec ses acteurs, qu'ils soient joueurs, agents, entraîneurs ou dirigeants. Il faut être capable de discuter pour voir plus clair, mais aussi d'arrêter la discussion quand on sent qu'on va être utilisé. Ce sont surtout les agents qui cherchent à influencer. Quelque part, ils sont dans leur rôle. Ça tombe bien : je ne me sens obligé de rien vis-à-vis d'eux.

Sur TF1 comme sur RTL, deux médias généralistes, première chaîne et première radio de France, je touche un public très large. Quand je rédige une chronique pour *L'Équipe*, je ne m'adresse plus au même public. Le quotidien sportif cible davantage les spécialistes. Il me faut donc être plus technique. La solidité du bloc défensif, l'approche psychologique d'un match à enjeu, la pertinence du 4-3-3 ou du 4-2-3-1, une action de jeu spectaculaire à décrypter… La notion d'angle prend alors tout son sens. Je cerne un sujet, qui peut se résumer à un détail parfois, et je m'y tiens.

La télévision en plateau, elle, impose la concision. Le temps est compté. Lors d'une émission comme *Téléfoot*, je dois aller droit au but, sans pour autant être caricatural. L'exercice est parfois frustrant quand on a de la matière pour développer un sujet, mais c'est intellectuellement très stimulant. *Téléfoot* a fêté ses 40 ans cette année. C'est une émission culte qui a su se renouveler et vivre avec son temps. J'aime l'esprit d'équipe autour de François Pellissier patron des sports de TF1 et de Jérôme Saporito, Marc Ambrosiano, Christian Jeanpierre, Fred Calenge, Charlotte Namura, Thomas Mekhiche. *Téléfoot*, c'est aussi une grosse machine animée par des journalistes de terrain qui se battent chaque semaine pour décrocher un entretien exclusif ou réaliser un beau reportage.

Le commentaire de match est un exercice totalement différent. Nous nous situons dans l'action, ce qui requiert beaucoup de concentration, de vivacité et une parfaite harmonie avec son binôme. À TF1, je fais équipe, depuis le printemps 2016, avec Grégoire Margotton. Au début, pendant l'Euro notamment, nous

nous imposions un débriefing après chaque match. Il n'a pas fait long feu. Nous avons très vite pris nos marques. Chacun connaît l'espace et la personnalité de l'autre. Nous n'avons jamais connu le moindre problème en termes de rythme ni de fluidité. Toujours nous avons évité de nous marcher sur les pieds. Grégoire possède une grande culture footballistique, qui m'offre un vrai confort dans le feu du direct. Je peux en effet me concentrer sur l'évolution du jeu, les sensations que m'inspire le match. Notre complicité à l'antenne se prolonge dans les coulisses de nos reportages, à moins que ce ne soit l'inverse. Avec Grégoire mais aussi Frédéric Calenge, l'homme de terrain de TF1, nous partageons notre plaisir d'être ensemble dans les déplacements sur les réseaux sociaux. Souvent de façon humoristique. Bien sûr, ce petit jeu auquel nous nous adonnons entretient la proximité avec ceux qui nous suivent et nous apprécient sur TF1. C'est un des bons côtés des réseaux sociaux. Vu le temps que nous passons dans les trains, les avions ou à table, il vaut mieux, c'est vrai, que nous nous entendions.

À la radio, j'ai plus de temps, non pas pour me laisser aller à des digressions, mais pour approfondir mon propos. C'est ce qui m'a séduit quand Christian Ollivier, le patron des sports de RTL, m'a proposé de rejoindre sa station. Ses équipes m'ont accueilli à bras ouverts. D'emblée, j'ai pu compter sur l'expérience d'homme de radio et la gentillesse de Sylvain Charley. Il est devenu un ami. Pour être performant, j'ai toujours eu besoin de nouer un lien de confiance, mais aussi de sympathie, voire d'affection, avec mes collègues de travail. C'était vrai sur les terrains, ça l'est aussi dans ma deuxième vie professionnelle. Ce cadre permet d'avoir du plaisir à faire son métier et de se dire quelques vérités sans arrière-pensée. Sylvain est mon bras droit à RTL. Il m'aide à construire le conducteur du *Club Liza* depuis presque dix ans. Avec Cyprien Ciny, Philippe Sanfourche, Jérôme Millagou, Bertrand Latour par la suite, nous avons formé une équipe complémentaire. Avec la radio, je touche à tous les genres journalistiques. Je présente, je signe des éditos, j'anime des débats, je commente des matches, je réalise des interviews.

La facette la plus pénible ? Caler des invités à l'antenne… Sylvain effectue les premières approches, j'interviens ensuite, si besoin. Dans ce cas, mon nom, mon palmarès suffisent en général pour ouvrir les portes. Mais que de palabres parfois pour un entretien de dix minutes… Il m'est arrivé de me demander si convenir d'un rendez-vous avec un joueur de Ligue 1 n'était pas plus compliqué que d'interviewer le président de la République. Ma petite expérience m'incite à penser qu'une émission n'est réussie que si ses invités ont passé la porte du studio avec enthousiasme. S'ils prennent le micro avec la volonté de ne rien dire, autant se passer d'eux. Je peux comprendre qu'ils n'aient pas envie d'aborder tous les sujets. Il suffit d'en parler au préalable pour trouver un terrain d'entente. Souvent, leur réticence concerne un point essentiel pour eux, mais pas pour les auditeurs.

Depuis la rentrée 2017, le *Club Liza* bénéficie d'un nouveau format. Il a abandonné son rythme hebdomadaire pour être lié, désormais, à des événements. Les grands matches notamment. Dans sa construction, l'interview n'est plus un passage obligé. C'est un soulagement au fond. J'ai fait ça pendant dix ans. Ça ne me manque pas. Je suis assez fataliste sur l'évolution des mœurs du milieu. Désormais, dans certains cas, entre le conseiller en image, le responsable des relations avec la presse, les sponsors, l'avocat, le garde du corps, l'ostéopathe personnel, le cuisinier, le nutritionniste, le préparateur physique, le conseiller financier, les joueurs sont entourés par un staff digne d'une PME. Malheureusement, dans ces entourages imposants gravitent aussi des courtisans, qui, pour donner de l'importance à leur mission, compliquent souvent les choses. C'est dommage.

Génération Griezmann et Mbappé

En novembre 2016, je me suis rendu à Madrid, pour rencontrer Antoine Griezmann. L'attaquant de l'Atlético de Madrid, qui avait été élu meilleur joueur et meilleur buteur de l'Euro quatre mois plus tôt, m'accueille avec un grand sourire. Il me tend la main et me lance : « Vous allez bien ? » C'était très respectueux, touchant même, mais ça m'a fait tout drôle de l'entendre me vouvoyer et je lui en ai fait la remarque. Depuis, il me tutoie. Quelques mois plus tard, à Clairefontaine, j'ai vécu exactement la même scène avec Kylian Mbappé. J'ai été touché là aussi. C'est exactement ce type de relations que j'ai envie d'entretenir avec les Bleus d'aujourd'hui. J'ai porté le même maillot qu'eux. Nous ne sommes pas en opposition. Nous écrivons la même histoire, celle de l'équipe de France. J'aimerais que ce lien avec la génération actuelle résiste à l'analyse d'un match que je peux être amené à faire, à une critique que je formule, toujours le plus honnêtement possible. Quand leur prestation est décevante, je ne peux pas la trouver fantastique.

Quelque part, la génération Griezmann a tordu le cou à une image que certains s'employaient à coller aux consultants de ma génération, celle de retraités devenus aigris et grincheux avant l'âge. On ne pouvait quand même pas envoyer des fleurs aux grévistes de Knysna… Ces critiques étaient fondées et, pour ma part, même plutôt mesurées dans le concert d'insultes et d'excès en tout genre qui s'étaient abattus après leur stupide décision. La génération Griezmann a pris le pouvoir avec le sourire, sans se laisser aller à des déclarations tapageuses. Elle gagne une majorité de matches et joue avec beaucoup de générosité. Je raconte ce que je vois : quand je vois des choses positives, je parle positivement, en toute objectivité.

J'ai vécu deux Coupes du monde en tant que joueur. Soit deux fois moins qu'en tant que consultant, si j'ajoute à la Russie 2018, l'Allemagne 2006, l'Afrique du Sud 2010 et le Brésil 2014. Je me revois comme si c'était hier entrer tout de suite dans le vif du sujet, sitôt la fin de ma carrière au Bayern au printemps 2006. Parmi mes collègues consultants au Mondial allemand : Didier Deschamps ! Ça m'amuse de l'observer s'échiner dans son habit de sélectionneur à contourner les questions, à ne pas totalement exprimer son point de vue. Mais je comprends sa position, au fond. Plus il en dit et plus il donne matière à débattre. L'entraîneur et le journaliste, voire le consultant, défendent des intérêts divergents souvent. « Entraîneur, je ne cherchais jamais à dire ce que je pensais après un match. Je disais ce qu'il fallait dire », a avoué Guy Roux.

Joueur, j'ai essuyé des critiques, moi aussi. Elles me sont d'un précieux secours, aujourd'hui, quand je réfléchis à l'exercice de mon métier, aux limites du système. Kylian Mbappé a effectué six mois exceptionnels avec

Monaco, il n'avait pas encore réalisé sa première saison avec le PSG qu'on voulait déjà en faire le nouveau leader de l'attaque des Bleus et le prochain Ballon d'or. Au fond de moi, j'ai la conviction que ce garçon est différent, unique. Qu'à son âge, réaliser ce qu'il fait est exceptionnel, qu'il a tout pour devenir un géant. Mais il faut tempérer, pourtant, il est toujours en apprentissage : cette saison et demie n'est que le tout début de sa très prometteuse carrière. Laissons Mbappé grandir, essayons de nuancer les jugements à son sujet. Avant son premier classico au Stade Vélodrome, les mêmes qui l'encensaient avaient laissé entendre qu'il avait pris le « boulard », tout ça parce qu'il avait eu l'outrecuidance de déclarer que cet OM-PSG était un match comme un autre.

Les risques du métier

Pour être efficace, un consultant ne peut pas envisager les médias qui lui font confiance comme un tremplin vers un nouveau club. Il doit être libre de tout dire, à partir du moment où il est honnête, juste, et qu'il s'en tient à son domaine d'intervention. Le débat peut alors tout à fait se dérouler dans la sérénité, en bonne intelligence. Parfois, les relations se tendent à l'antenne. C'est ce qui s'est passé avec Raymond Domenech, le soir de la qualification pour la Coupe du monde contre l'Eire, en novembre 2009, après la main de Thierry Henry. Notre échange, ce soir-là, sur RTL, a dépassé le cadre du rectangle vert. Il parlait uniquement de qualification, de fête, en occultant totalement le jeu décevant des Bleus, la forme et l'erreur d'arbitrage défavorable aux Irlandais. J'avais surtout la sensation qu'il se retranchait depuis trop longtemps dans des artifices de langage pour fuir le débat, que son côté provocateur ne grandissait pas sa fonction de sélectionneur, et qu'il manquait de respect à ses interlocuteurs. Avec le temps, nos relations se sont calmées, normalisées. La pression liée à la fonction de sélectionneur fait perdre le fil parfois. Désormais, quand nous nous croisons, nous échangeons amicalement sans le moindre problème. Je n'oublie pas que lorsqu'il était sélectionneur, il nous qualifiait, nous, les consultants, de donneurs de leçon. S'il est moins acide avec notre corporation à présent, c'est peut-être parce qu'il fait le même job que nous, non ?

Des accrochages avec des entraîneurs, ça arrive. Souvent, on reproche aux anciens joueurs devenus consultants de livrer leur opinion sans avoir entraîné et donc d'avoir une analyse limitée sur les enjeux d'une équipe, le management des joueurs. Cette critique m'a toujours agacé et elle m'agacera toujours. Comme si tous les anciens footballeurs étaient des ânes, incapables de la moindre réflexion sur ce jeu qui fut leur métier. J'ai côtoyé une vingtaine d'entraîneurs, des bons, des moins bons, des mauvais même. Je me suis toujours intéressé à l'équilibre d'une équipe, à la tactique, à la psychologie, à la préparation physique. J'ai expérimenté de nombreuses méthodes de management, certaines très efficaces sur moi, sur mes camarades, d'autres pas du tout. Ce qui me permet d'avoir une vision globale sur les enjeux d'une équipe de football.

Dans l'univers du foot, comme dans beaucoup d'autres, la critique n'est pas toujours bien acceptée. Parfois, la paranoïa, la colère guettent. Elles sont rarement bonnes conseillères. Ça peut même virer au pitoyable. En octobre 2013, Patrice Évra a jugé utile de régler ses comptes avec un certain nombre de consultants, comme Rolland Courbis, Luis Fernandez, Pierre Ménès et moi. TF1 n'avait évidemment pas à le censurer sous prétexte que j'étais l'un de ses consultants, quand bien même la Fédération française de football, consciente des vagues à venir à un mois du barrage qualificatif pour la Coupe du monde 2014, l'avait souhaité. Ce qui m'a dérangé, ce n'est pas tant les insultes ou les inepties d'Évra, mais surtout de me retrouver au milieu d'un « clash » comme on dit aujourd'hui, et de tout le cinéma fait autour pour alimenter le fameux buzz. Tout ce que je vomis, en fait. Je n'ai pas compris ce « pétage de plomb » sur le moment, mais je ne suis plus surpris aujourd'hui. Évra a démontré un vrai goût pour la polémique, la provocation et le show. Pour se défendre, sa seule méthode consiste à attaquer. Les consultants figurent parmi ses cibles favorites. On a encore pu le constater en 2017 quand il s'en est pris à Christophe Dugarry. C'est vrai, c'est plus facile que de faire son autocritique, de livrer un regard lucide sur ses propres dérapages et sur l'ensemble de son œuvre.

Calme dans la tempête

Entre celui qui hurle à la première étincelle et celui qui est posé, la palette des commentateurs est très large. Je me suis interrogé sur ma place dans cet univers devenu de plus en plus agressif, où toute tentative d'approche pédagogique est souvent balayée par une punchline, où ceux qui parlent le plus fort sont persuadés d'avoir raison. J'ai toujours préféré le calme, encore plus quand la tempête fait rage. Ça ne veut pas dire qu'à l'intérieur, ça ne bouillonne pas… Ça ne m'empêche pas non plus de dire ce que j'ai à dire. Librement et sans arrière-pensée. Pour durer dans ce métier, il faut apprendre que la sincérité, c'est justement ce vers quoi doit tendre le consultant. Néanmoins, je cherche constamment à ne pas avoir recours aux jugements définitifs. Ceux qui confondent tempérance et frilosité oublient – ou occultent – une vérité, celle du terrain, toujours incertaine, comme la fameuse « remontada » du FC Barcelone face au PSG au printemps 2017 l'a démontré. De l'attaquant en dessous de tout qui inscrit le but décisif, au gardien héroïque qui commet une faute de main fatale à la dernière minute, l'histoire du foot regorge de scénarios improbables. Ces coups de théâtre font la beauté du foot. Il a dû m'arriver de juger la prestation d'un joueur décevante, juste avant qu'il ne devienne le héros de la partie. Si je ne me souviens pas d'une saillie de ce type bien précise, c'est sans doute parce que je n'ai jamais éprouvé de regrets ensuite : je suis consultant, pas voyant ni médium. Privilégier une forme de sagesse à l'hystérie, avoir le sens des responsabilités, c'est une obligation quand on a la chance, comme moi, de pouvoir s'exprimer en toute indépendance. Je n'ai jamais reçu la moindre consigne ou un quelconque ordre de mes patrons. Jamais l'un d'eux ne m'a demandé d'envoyer les pieds en avant ou de calmer le jeu. Je ressens chez eux une vraie confiance en mon sens de la mesure, à la pertinence de mes points de vue. Cette confiance m'honore, autant qu'elle m'oblige. Elle convoque ma conscience. Jamais je ne me suis permis de dire n'importe quoi. Et heureusement, parce que lorsque dix ou quinze millions de téléspectateurs suivent un match avec mes commentaires à l'oreille, les dégâts que je pourrais faire seraient considérables. Je ne me suis jamais pris pour un monarque qui, du haut de son trône, détiendrait la vérité absolue. J'ai une expertise, je la livre pour aider ceux qui m'écoutent, me regardent ou me lisent, à se forger leur propre opinion. J'exprime ma sensibilité et chaque consultant s'est construit la sienne. Sa perception dépend de son vécu, de son parcours. Quand j'écoute les commentaires d'Éric Carrière, l'influence de l'école nantaise sur ses analyses est évidente. Son regard est différent du mien, qui a été impacté par l'école bordelaise, l'équipe de France et le Bayern Munich. Christophe Dugarry s'exprime dans un registre spécifique lui aussi, même si nous avons beaucoup de points communs avec les Girondins, l'équipe de France et le Sud-Ouest. Il est animé par une forme d'obsession du beau geste et de l'attaque. Est-ce si surprenant ? Ses dribbles, son allure faisaient de lui un joueur créatif et stylé.

Si mon approche est différente de la sienne ou de celle de Carrière, c'est d'abord parce que j'ai construit mon parcours différemment. On ne perçoit pas le football de la même manière, selon que l'on a évolué au poste d'attaquant, de milieu ou de défenseur. Mais méfions-nous des caricatures : un ex-attaquant n'est pas forcément le partisan des créateurs, un ancien défenseur n'est pas l'avocat commis d'office des besogneux. Je suis un attaquant devenu défenseur, un arrière latéral gauche porté par un esprit offensif, animé par une volonté constante d'aller de l'avant. Avec un voisin comme Zinédine Zidane, j'ai souvent été aux premières loges sur le terrain pour savoir m'extasier d'un geste de classe. J'apprécie les mouvements offensifs collectifs déliés, les enchaînements de passes, le jeu en triangle, les exploits individuels. Mais comme défenseur, j'ai mieux compris que le foot requiert d'autres qualités, comme l'esprit collectif, l'abnégation, le combat, la tactique. Heureusement, d'ailleurs. Dans mes jugements, je peux me montrer impitoyable avec le technicien qui ne pense qu'à amuser la galerie sans mettre les mains dans le cambouis. À l'inverse, je peux m'emballer quand une formation, modeste sur le papier, parvient à rivaliser avec une constellation de cracks. C'est très respectable. Voire appréciable selon l'idée que l'on se fait du sport et du dépassement de soi. Ne pas lui reconnaître de mérite, c'est faire preuve de mépris. L'esthétisme pour l'esthétisme ne correspond pas au football que j'apprécie. Le beau, c'est bien, l'efficace, l'intelligent en plus, c'est mieux.

Rappel des faits

Comme j'éprouve du respect pour le journalisme, je n'aime pas qu'on malmène ses fondamentaux. Encore récemment, j'ai été victime d'approximations difficilement acceptables, vu la facilité avec laquelle il est possible, désormais, de vérifier une information. Certes, ce n'était pas l'affaire du siècle. L'erreur en question portait sur les conséquences de mon départ prématuré de Marseille en décembre 2005. Un journaliste expliquait dans un article qu'à l'époque j'étais un joueur fini, au bout du rouleau, quand je suis allé voir Robert Louis-Dreyfus pour résilier mon contrat six mois après mon arrivée. Au point que ses lecteurs les moins avertis sur mon parcours auraient pu croire que j'avais terminé ma carrière à Marseille… Cette contre-vérité a fait le tour des réseaux sociaux sur le principe suivant : plus c'est retweeté, plus c'est vrai… Je me suis retrouvé dans l'obligation de devoir rappeler que j'étais reparti finir la saison au Bayern Munich où j'avais été champion d'Allemagne, vainqueur de la Coupe d'Allemagne et nommé meilleur arrière latéral gauche de Bundesliga. J'étais d'ailleurs tellement « carbonisé » qu'au printemps 2005 le Bayern a prolongé mon contrat d'une saison…

Je ne prétends pas avoir été à ce moment-là au sommet de ma carrière, comme entre 1998 et 2001, mais je souhaite à tous les joueurs bouillis par le feu des années de remporter cinq titres en l'espace d'une saison et demie, ce qui m'est arrivé entre janvier 2005 et juin 2006, date effective de la fin de ma carrière. Je n'ai pas donc pas terminé ma carrière à Marseille, ni d'ailleurs au Qatar, en Chine ou en Inde, mais au Bayern Munich, l'un des plus prestigieux clubs du monde. Au total, j'ai remporté vingt-trois trophées collectifs et neuf titres individuels. J'ai été champion du monde, champion d'Europe en club comme en sélection nationale. J'ai été élu meilleur arrière gauche du monde, de France et d'Allemagne. Et, à cette époque, le niveau était très relevé, mes contemporains arrière gauche s'appelaient Paolo Maldini et Roberto Carlos. Je vais éviter le registre de la fausse modestie pour ne pas laisser parler tous ceux qui ne connaissent rien au football et qui le commentent. Ces distinctions sont mon mérite. Mais elles ne sont pas, non plus, mes uniques motifs de fierté. Ce rebond, après avoir fait le constat que ma cohabitation avec l'entraîneur marseillais Philippe Troussier serait impossible, est une de mes plus belles victoires, comme d'avoir percé aux Girondins alors que j'étais à deux doigts d'être viré du centre de formation, comme de m'être remis de ma désillusion à Bilbao, comme d'être revenu au plus haut niveau après cette satanée pubalgie. La vie est faite de moments plus difficiles que d'autres et je suis fier de m'être relevé chaque fois. C'est un simple rappel des faits comme on dit dans le journalisme.

Quand le football n'est plus un jeu

Laissons le football à la place qui doit être la sienne. Parce qu'ils ont d'abord frappé le Stade de France, parce qu'ils ont plongé notre pays dans l'horreur, la détresse, les attentats du 13 novembre 2015 doivent nous inciter, encore et toujours, à la modération. Comment peut-on encore analyser une défaite comme un drame ? Comment peut-on sortir le football de ce qu'il est, un jeu ? Ce France-Allemagne m'a marqué, évidemment. Plus de deux ans se sont écoulés et je peux refaire le film de cette soirée noire comme si elle avait eu lieu hier. À la mi-temps, je ne suis pas encore informé que des bombes ont explosé à proximité du stade. Il y a bien de l'agitation, des comportements étranges, des infos confuses, contradictoires, mais comment imaginer pareille barbarie à deux pas d'un lieu de fête, car un match est une fête… J'ai entendu les deux détonations pendant la première période. Mais j'ai pensé à de gros pétards ou des bombes agricoles. À dix minutes de la fin de la rencontre, Christian Jeanpierre, avec qui je fais alors équipe, explique à l'antenne que des attentats ont été perpétrés dans Paris. Après de nombreuses vérifications avec les services compétents, Jérôme Saporito, notre producteur, vient de lui souffler officiellement l'information à l'oreille. Le timing choisi pour informer les téléspectateurs du drame qui se jouait a été pertinent. L'annonce tardive a permis de ne pas affoler le stade, de ne pas créer de mouvements de foule qui peuvent s'avérer très dangereux. L'équipe de France est en train de battre l'Allemagne, mais le succès qui se dessine face aux champions du monde en titre est devenu tellement dérisoire, subitement… Nous nous efforçons de commenter la fin de la rencontre le plus dignement possible, en veillant à ne pas en rajouter sur le côté sportif, ni nous permettre le moindre commentaire sur les attentats, parce que nous ne savons pas précisément ce qui se passe. Dans les jours qui ont suivi, il a fallu se préparer au match d'après. Les Bleus ont décidé qu'ils se devaient de jouer quatre jours plus tard, face à l'Angleterre. Ce voyage à Wembley, qui s'annonçait comme une fête du football, a perdu toute sa légèreté. Plus que jamais, l'équipe de France est ambassadrice d'un pays en deuil. Elle s'est aussi déplacée pour recevoir les condoléances des voisins anglais. L'hommage rendu sera magnifique. Reste néanmoins le souvenir d'une ambiance très pesante. Les Bleus étaient sur le terrain sans y être et personne ne pouvait leur en vouloir d'être traversé par un phénomène de sidération. Le temps a fait son œuvre, le climat est redevenu plus léger autour de l'équipe de France. C'est tant mieux. Mais nous n'oublierons jamais ce 13 novembre 2015.

Fidélité

Un consultant échappe difficilement à son passé. Parfois, il resurgit quand il ne s'y attend pas. Au mois d'octobre 2016, à l'occasion du déplacement des Bleus en Bulgarie, j'ai été très touché par l'attention des supporters français présents à Sofia. À l'issue de la rencontre, alors que nous nous apprêtions, avec Grégoire Margotton, à rendre l'antenne, ils ont scandé « Liza, Liza ». Je me suis tourné vers eux. Ils avaient déployé un tifo en mon honneur. Une série de lettres qui disait ceci avec humour et amitié : « #LIZA DANS LES 23 ». J'étais en direct, je ne pouvais pas aller à leur rencontre. Pour une fois, j'ai trouvé les réseaux sociaux bien pratiques. Pour leur dire merci.

Ces témoignages me touchent parce qu'ils me permettent de constater la force du lien que j'ai construit tout au long de ma carrière avec les supporters des clubs ou de la sélection que je défendais. En mai 2015, le jour du dernier match des Girondins de Bordeaux à Lescure, là où j'avais débuté ma carrière, j'ai participé au rassemblement organisé par les supporters du virage sud, les Ultramarines. Le cortège partait de la place de la République dans le centre-ville. Avec plusieurs anciens joueurs du club, Marius Trésor, Patrick Battiston, Alain Giresse et Gaëtan Huard notamment, nous avons été invités à monter sur une scène installée pour l'occasion. Je me souviendrai toujours des propos émouvants qu'ils nous ont tenus. Chaque année je suis invité par le Bayern pour fêter le titre de champion d'Allemagne de la saison et venir représenter chaque titre de l'histoire du club, soit vingt-sept en attendant le vingt-huitième de la saison 2017/2018. L'acclamation du public pour toutes ces générations de joueurs du Bayern montre la grandeur d'un club et la reconnaissance des supporters. C'est un privilège rare et un moment toujours très émouvant.

Dans mon cursus footballistique, Bilbao et Marseille sont des exceptions qui confirment une règle. Celle d'avoir toujours été fidèle et loyal à mes clubs. Je suis très fier de ça. J'ai passé douze ans aux Girondins et neuf ans au Bayern. Avec Giovane Élber, je suis le seul étranger de l'histoire du club bavarois à faire partie de son « hall of fame », qui réunit seulement dix-sept joueurs depuis l'intégration de Philipp Lahm. Depuis, je suis devenu ambassadeur du Bayern. J'aurais pu envisager une collaboration avec les Girondins aussi, mais l'occasion ne s'est jamais présentée. Ça ne m'empêche pas de témoigner ma reconnaissance et mon attachement à mon club formateur dès que je le peux. J'ai gagné beaucoup de titres, mais ce qui compte aussi, c'est le souvenir laissé dans le cœur des supporters. Il ne se passe pas un jour sans que je croise une personne pour me dire sa reconnaissance pour la Coupe du monde 98, pour mes douze années en équipe de France, pour ma carrière aux Girondins ou au Bayern. Je vois aussi ceux qui aimeraient m'aborder mais qui n'osent pas par timidité. Je leur dis merci : ces témoignages de sympathie, comme les distinctions que je peux recevoir, constituent de puissantes vitamines et aident à tourner la page football de façon sereine et apaisée.

C'est quoi être objectif dans ses activités de consultant ? J'ai du mal à croire à l'objectivité totale, je lutte, néanmoins, pour m'en rapprocher. Ce qui compte vraiment, ce n'est pas l'objectivité, mais la sincérité. Même en faisant preuve de la plus grande probité, je sais pertinemment que l'avis d'un consultant est aussi perçu en fonction de son pedigree sportif, que les procès d'intention guettent chacune de ses interventions. Parfois on voudrait faire croire que la neutralité nous est totalement étrangère. Tous achetés, nous roulerions pour un clan au détriment d'un autre… Un consultant souligne la prestation moyenne du PSG, critique les caprices de Neymar, et il est anti-PSG. Désolé, mais je ne mange pas de ce pain-là. Mon indépendance est sacrée. Je suis ouvert à la discussion, je suis capable d'amender un jugement si l'on me convainc que je n'allais pas dans la bonne direction, mais jamais on ne me fera défendre une idée à laquelle je n'adhère pas. Plus son palmarès est fourni et plus la tentation de le faire passer pour le vieux con de service est grande, histoire d'affaiblir son argumentation. C'est pour ça que je veille à ne pas radoter et, surtout, à comprendre le monde dans lequel nous vivons. Ce n'est pas le même qu'il y a vingt ans. Après Knysna, j'ai trouvé ridicule qu'on stigmatise les joueurs dès qu'ils portaient un casque. Si l'écoute de la musique en solo peut permettre à certains de renforcer leur concentration à l'approche d'un match, franchement, où est le problème ? Cette pratique est répandue dans une multitude d'autres sports sans que personne s'en offusque. Ainsi, Teddy Riner a besoin d'écouter de la musique avant les combats, pour se mettre dans sa bulle. Personne n'oserait en faire le reproche à cet immense judoka qui a tout gagné et dont l'attitude est aussi généreuse sur un tatami qu'en dehors. Il suffit aussi de prendre le métro ou de se promener dix minutes dans n'importe quel centre-ville pour constater que porter des écouteurs est un phénomène générationnel. À chaque époque ses pratiques et ses dangers. Peut-être aurions-nous cédé à cette mode en 1998 si elle avait existé. Comme ce n'était pas le cas, le lien social, ciment indispensable d'une équipe, était sans doute plus facile à créer, puisque nous passions plus de temps à échanger. Les cartes ont été remplacées par les jeux électroniques, les longues discussions devant la machine à café par les téléphones portables et les réseaux sociaux.

Copinage et lobbying

Autre source de fantasme dans un milieu qui fonctionne souvent en clans : le consultant qui se servirait des médias pour favoriser les copains. Je peux l'affirmer d'autant plus tranquillement que je n'ai pas à me plaindre de ma cote dans les médias. Mais, un commentaire positif sur un joueur ou une équipe, et vous voilà immédiatement soupçonné de défendre ses intérêts ; une petite charge à l'encontre d'un entraîneur, et vous cherchez sournoisement à le déstabiliser pour essayer de faire la place à un de vos copains. C'est notamment ce qui a été reproché aux champions du monde de 1998. On a trop souvent voulu faire croire que nous nous servions des médias pour faire peser de tous leurs poids nos titres mondiaux et continentaux, notamment sur le devenir de l'équipe de France.

Quand les Bleus se sont mis à déjouer, on a assimilé l'association France 98 à un lobby qui jouait contre les intérêts de l'équipe de France pour avancer ses pions. C'est sans doute l'une des plus grandes légendes urbaines du football français des dernières années. Quand ils ont dérapé à Knysna, nous étions tous sur la même longueur d'onde. Les consultants champions du monde 1998, mais aussi tous les autres. De là à imaginer que nous nous étions appelés au préalable pour accorder nos violons… Nous sommes restés amis, c'est vrai. Mais à aucun moment je ne consulte Duga, Manu Petit, Marcel Desailly ou Frank Lebœuf pour savoir comment ils vont orienter leurs prises de parole. Et la réciproque est valable. Nous ne pensons pas les mêmes choses et nous sommes tous différents. Nous n'avons participé à aucune conquête du pouvoir, notamment en sélection.

Pour moi, la jalousie n'a jamais été un moteur. Au contraire. Et puis franchement, de qui, de quoi, devrais-je être jaloux ? Avec les Bleus, j'ai 97 sélections, je suis champion du monde et champion d'Europe. Impossible de rêver mieux, je suis comblé. J'ai toujours considéré que l'équipe de France, c'était comme une grande histoire. Chaque génération écrit un chapitre et chaque chapitre doit être intimement lié aux précédents et aux suivants, et pas opposés. J'ai toujours considéré que ceux qui m'ont précédé méritent le respect, comme ceux qui m'ont succédé, d'ailleurs. Je suis toujours étonné quand on cherche à opposer l'équipe de Platini à la nôtre. Genre, laquelle est la meilleure ? C'est ridicule. Les Bleus de 1982 nous ont fait rêver à Séville en demi-finale du Mondial espagnol et sont devenus champions d'Europe deux ans plus tard. En décomplexant le football français avec ce premier titre, ils ont joué un rôle majeur dans sa trajectoire. Ces débats n'ont ni queue ni tête et sont très représentatifs de la mentalité mesquine de certains en France. En Allemagne, les générations qui gagnent se succèdent dans une forme de considération mutuelle. C'est ce que je ressens au Bayern, encore aujourd'hui, plus de dix ans après avoir mis un terme à ma carrière. On sait y cultiver l'histoire et ne pas oublier ceux qui l'ont construite. Dans le football français, l'ancien devient vite gênant, presque un boulet. C'est regrettable. Le 31 août 2017, Bastian Schweinsteiger, pour ses adieux à la sélection allemande, a eu droit à un hommage à la mesure de son immense carrière internationale. C'était simple, chaleureux, sincère et très émouvant. Chez nous, on est souvent maladroit, on ne sait pas dire merci et au revoir. Ceci rappelé, au micro, aucune arrière-pensée ne vient polluer mes analyses. J'ai une deuxième vie passionnante et j'entretiens une relation chaleureuse avec l'équipe de France, qui a été l'une des plus belles passions de ma carrière. Le public sait faire la part des choses entre le consultant, qui doit émettre un avis le plus objectif possible, et l'ancien soldat, qui n'a jamais triché et s'est toujours donné à fond pour sa sélection nationale. Je n'ai jamais cherché à me servir non plus de mes relations avec mes ex-coéquipiers pour obtenir des faveurs. Je me refuse par exemple d'appeler Didier Deschamps pour connaître son équipe la veille d'un match. Ça ne nous empêche pas d'avoir des discussions totalement privées, « off » comme on dit dans le milieu du journalisme. Ces échanges nourrissent ma réflexion et affinent mon point de vue. Il lui arrive d'expliciter son propos par des exemples concrets, certain que je ne trahirai pas à l'antenne en raison de la confiance qui nous lie. Quand j'estime que ses choix n'ont pas été couronnés de succès, je n'ai aucun problème à le souligner. Quand il aligne Mbappé, Lacazette et Griezmann en Bulgarie, à l'automne 2017, et que les trois attaquants se marchent sur les pieds, je le dis, nous en parlons. Tant que l'on reste dans le domaine du jeu et que l'on avance ses arguments avec respect, Didier n'a aucun problème avec la critique.

Être discourtois pour affirmer une indépendance de façade, quitte à blesser un camarade de conquête, franchement, ce n'est pas ma tasse de thé. Chaque fois que je dois interviewer Zinédine Zidane, je reste donc fidèle aux rapports qui sont les nôtres. Je l'admets volontiers, l'affection, l'admiration que j'éprouve pour lui, sont immenses. Ce serait malhonnête de faire semblant, de chercher à masquer notre complicité. Il faut considérer les entretiens qu'il m'accorde comme une discussion entre deux potes. Le lien de confiance qui nous unit me permet de l'amener sur tous les terrains. Je lui ai demandé un jour, sur RTL, par exemple, de m'expliquer son fameux coup de boule en finale de la Coupe du monde 2006. La question était amenée avec la clémence, la compréhension dont peut faire preuve un ami. Le sujet était délicat, mais il y a répondu, sans faux-fuyant. Au moment de cet entretien, je commençais tout juste ma carrière de consultant. J'étais confronté pour la première fois à la difficulté de commenter le dérapage d'un proche. Ma peine de le voir terminer sa carrière de la sorte l'a emporté sur tout le reste. J'étais anéanti, sidéré. Avec le temps, cette histoire n'a rien abîmé de sa légende. Oui, Zizou a mis un coup de boule à un adversaire qui l'avait insulté tout au long de la rencontre. Il n'aurait pas dû réagir ainsi, il le sait, il le regrette, et il ne pourra jamais l'effacer. Mais non, ça n'atténuera pas son exceptionnel palmarès et les émotions qu'il a procurées dans tous les stades du monde, quand le ballon arrivait dans ses pieds. Ça n'atténuera pas non plus ses immenses qualités humaines qui font que c'est un privilège de le compter parmi ses amis. Cette scène restera comme l'acte incroyable d'un géant du foot redevenu l'espace d'un instant un simple être humain avec ses fragilités du moment. Cet épisode, Zizou n'a aucun souci à le verbaliser désormais. Ses progrès dans la communication sont exceptionnels depuis qu'il est devenu entraîneur du Real Madrid. Il arrive à transmettre devant les micros ce que je ressentais dans nos échanges privés. Zizou le pudique s'est ouvert. En septembre 2017, il a accordé un long entretien à Christian Jeanpierre, dans le cadre des 40 ans de *Téléfoot*. Qui n'a pas été ému par ses larmes au moment où son père est apparu à l'écran ? C'est bien, parfois, de briser la glace, de montrer le fond de son cœur, de permettre au public de constater que, malgré sa carrière et sa légende, Zinédine Zidane est tout simplement un homme.

La dictature des statistiques

La popularité du football, comme son économie d'ailleurs, flirte avec la démesure. Ses suiveurs, toujours plus nombreux, s'autorisent le droit d'en parler comme des experts, même quand ils n'ont jamais chaussé une paire de chaussures à crampons. Pour donner le change, ils se bardent de certitudes en s'entourant de faux amis. Juger la qualité d'un joueur sur la seule base du prix de son transfert est devenu monnaie courante. C'est ainsi que chez les Bleus, Didier Deschamps est prié par une partie de l'opinion d'associer Kylian Mbappé, Ousmane Dembélé, Thomas Lemar, Antoine Griezmann et Paul Pogba. L'équipe de France n'est pourtant pas cotée au CAC 40 et ce n'est pas forcément en additionnant les plus fortes valeurs qu'elle atteindra le nirvana de son expression collective… Pour ne rien arranger, les statistiques s'offrent désormais aux premiers venus. Avant les rencontres, on remonte jusqu'à l'avant-guerre pour calculer les pourcentages de victoires dans les confrontations directes avec l'adversaire du jour. Le favori est prié de faire respecter une logique fabriquée par ses aînés. C'est à la lumière de ces données qui ne veulent pas dire grand-chose que le match nul concédé à domicile par les Bleus face au Luxembourg (0-0) au début du mois de septembre 2017 est devenu, pour certains, une catastrophe absolue. Il n'a pourtant été d'aucune conséquence sur la marche de l'équipe de France vers le Mondial russe. Si le Luxembourg reste une sélection de seconde zone, il a également effectué un match remarquable en défense. Sur un match, les forces peuvent se niveler. Quand une très bonne équipe passe à côté de son match, elle peut se retrouver en difficulté face à une formation moyenne capable de se transcender. Mais au coup de sifflet final et dans les semaines qui suivent, la très bonne équipe figure aux premiers rangs du classement, tandis qu'une moyenne cravache. En Coupe de France, les surprises des Petits Poucets marquent les esprits en trente-deuxième ou en seizième de finale. C'est ce qui fait le charme d'une épreuve remportée, plus de neuf fois sur dix, par un représentant de l'élite.

Longtemps réservées à des techniciens aguerris capables de les analyser et de leur donner un sens, les statistiques sur le jeu sont livrées fumantes, à tous, comme les croissants du matin. Et comme les croissants, on se les arrache. On devrait uniquement les considérer comme des indices, elles sont brandies comme des vérités absolues. Connaître la possession de balle d'une équipe sur la première mi-temps ne suffit pas à transformer un spectateur lambda en expert du ballon rond à la buvette. La possession du ballon est le reflet d'une certaine maîtrise technique, mais les équipes qui jouent à la baballe ne sont pas forcément les plus efficaces. L'accès aux statistiques et aux réseaux sociaux a fait sauter le dernier verrou de la décence, de l'humilité. Dans les commentaires, il n'y a plus la moindre réserve, la moindre retenue. J'affirme, j'assène, chiffres à l'appui… Je vois juste, forcément. Les statistiques disent-elles tout de l'intensité d'un match, de la qualité d'une prestation ? En ce qui me concerne, je m'en sers avec parcimonie. Juger un défenseur sur son pourcentage de duels gagnés ne rime pas à grand-chose. Il m'arrive de voir des arrières ne s'engager que dans les un-contre-un confortables, ceux qu'ils sont sûrs de gagner. Pareil pour le pourcentage de passes réussies. Certains rendent une feuille de stats frisant la perfection. Et pourtant, ils sont passés totalement inaperçus pendant leur match. Logique : ils ont joué petit bras, comme on dit au tennis, et se sont contentés de passes vers l'arrière ou de transmissions latérales courtes. En se focalisant sur les données DATA, on en déduirait donc que leur relance est un point fort, qu'ils sont plus performants dans ce domaine que le petit camarade dont le taux de passes parvenues à la destination souhaitée est plus faible. C'est oublier que celui-là n'a pas les pieds qui brûlent quand il reçoit le ballon, que, sur dix tentatives, trois ont peut-être atterri hors des limites du jeu ou dans les pieds d'un adversaire mais que, sur les sept autres, deux ont fait des dégâts considérables dans la défense adverse. Les statistiques sur les passes présentent donc un gros défaut : elles ne mesurent pas la prise de risque, indispensable quand on veut marquer. C'est parce que l'on peut faire dire ce que l'on veut aux chiffres qu'il convient de les utiliser avec des pincettes, de ne pas se laisser aveugler par eux.

J'ai la sensation de mieux voir l'évolution du jeu en me situant dans la partie médiane des gradins que depuis le banc de touche. Je comprends pourquoi, au rugby, les techniciens prennent de la hauteur pour suivre leur équipe. À ne pas vouloir perdre la possibilité de guider, bousculer leurs joueurs, échanger ou influencer les arbitres, les entraîneurs de foot passent à côté d'un nombre conséquent de données en se postant à proximité du terrain, au niveau du gazon. Mais c'est vrai aussi que, depuis les tribunes, il est parfois difficile de lire les attitudes des uns et des autres. C'est la raison pour laquelle nous disposons de deux écrans de contrôle pour commenter. Pour moi, c'est très important de voir le comportement d'un joueur. Son langage corporel est très instructif. Par exemple, il suffit d'observer le visage et la gestuelle d'Edinson Cavani pour lire sa détermination et sa concentration extrêmes. On sait qu'avec lui on peut partir à la guerre et que son attitude pèsera d'un poids énorme dans la motivation de ses partenaires ou la crainte qui s'empare de ses adversaires. Ces éléments-là ne figurent dans aucune statistique.

Et les footballeurs dans tout ça ? Sont-ils vraiment les grands gagnants de cette surexposition ? Ou ont-ils perdu au change ? Autour des terrains, les prises de vues sont toujours plus nombreuses, plus précises. Pour les joueurs, c'est une donnée à prendre en compte évidemment. Un mauvais geste pouvait échapper à l'arbitre, pas aux caméras. Leurs prestations sont analysées dans le moindre détail. Si ce n'est pas à travers les images disséquées au ralenti, c'est à travers les chiffres. Elle rogne la part de magie du foot. Pour ma génération et celles qui ont précédé, l'imaginaire a souvent fait office d'efficace roue de secours. Voir un but était une quête. À part ceux de l'équipe de France et la finale de la Coupe de France, les matches étaient loin de squatter les grilles des chaînes de télévision. Comme il fallait veiller, le samedi soir, pour avoir la chance de se délecter à *Téléfoot* des résumés et des buts des meilleures affiches de Division 1. L'arrivée de Canal+, au début des années 80, nous a ensuite permis de voir des rencontres de championnat dans leur intégralité. Désormais, avec la multiplication des canaux, chaque supporter peut suivre son équipe favorite depuis son salon sans en manquer une miette. S'il est vraiment accro, il peut même revoir la partie en replay.

Cette position est confortable, bien plus, en tout cas, que celle de l'entraîneur face à son tableau noir. Ses options d'avant-match seront jugées pendant et après le coup d'envoi par les adeptes du « y'avait qu'à – fallait que ». Quand elle gagne grâce au but d'un joueur entré en cours de jeu, son coaching est qualifié de gagnant. Quand son équipe perd, c'est parce qu'il n'a pas opté pour le bon schéma tactique. Tordons le cou à cette idée reçue totalement farfelue. Depuis quand le football n'est qu'une affaire de géométrie ? L'important, ce n'est pas le schéma tactique, mais ce que les joueurs en font. La fameuse animation qu'opposent les entraîneurs quand ils se retrouvent à justifier une option tactique qui n'a pas forcément porté les fruits escomptés. Comment leur donner tort ? Onze piquets sur un terrain, même idéalement placés, ne gagneront jamais un match. La vérité, c'est que le profil des joueurs et leur implication auront davantage d'incidence sur l'articulation tactique du collectif. Je me souviens avoir évolué à mes débuts au Bayern Munich dans un schéma avec trois défenseurs, cinq milieux de terrain et deux attaquants. Sur le flanc gauche dans la ligne de 5, je ne me sentais pas vraiment à mon aise. J'étais positionné trop haut, j'avais tendance naturellement à reculer pour bénéficier d'un peu plus d'espace devant moi. Ce n'était pas le cas d'Hassan Salihamidžić à l'opposé. Résultat, notre entraîneur, Ottmar Hitzfeld, a constaté que son 3-5-2 épousait les contours d'un 4-4-2, compte tenu de mon positionnement naturel plus bas. Nous en avons discuté avec Ottmar et avons convenu de rester en 4-4-2 parce que nous étions plus à l'aise ainsi. D'une certaine façon, ma façon de jouer a transformé le schéma tactique.

Dans l'analyse d'un résultat, la tactique est un paramètre qui atteint vite ses limites. Au plus haut niveau, tous les joueurs sont censés avoir été formés pour se fondre dans les plans de leur équipe et apporter une réponse, dans un cadre collectif, à l'adversaire. Ce plan peut être perturbé par différents facteurs : le mental, la force collective, l'émotivité face à un événement, ou l'état d'esprit qui fluctue en fonction des états d'âme du moment… Ces ingrédients essentiels dans une performance, il faut avoir été amené à les côtoyer de près pour être capable d'en parler, me semble-t-il. En tout cas, ils ne se quantifient pas, même avec un algorithme. Penser qu'une préparation physique optimale, un plan tactique pertinent exécuté par des techniciens hors pair, garantiraient une victoire est totalement caricatural et traduit une méconnaissance absolue de ce qu'est la vie intime d'un groupe de sportifs de haut niveau. Si j'évoque des sportifs au sens large du terme, c'est parce que dans l'approche de la compétition, des disciplines collectives aussi différentes que le handball, le rugby ou le football, cultivent de nombreuses similitudes.

La gestion des temps forts et des temps faibles d'un match fait par exemple partie de leur jargon commun, comme la perte de confiance, l'incapacité à maîtriser ses émotions ou le manque de caractère d'une équipe. La pratique collective impose une gestion fine des relations avec ses coéquipiers. Dans les sports individuels, cette obligation n'existe pas mais le sportif ne peut compter que sur lui-même. En cas de défaillance, il sera seul. Au football, il est possible de passer inaperçu quand on est moins bien, mais à la condition que les dix autres partenaires compensent. Il arrive d'ailleurs que des équipes en infériorité numérique finissent par remporter un match. À l'inverse, il est également possible de sombrer tout en étant au firmament de ses capacités, si les coéquipiers sont à la ramasse.

Admettons donc une bonne fois pour toutes qu'un entraîneur peut se retrouver complètement démuni, alors que sa préparation a été parfaite de bout en bout. Ce sont les aléas des défaillances humaines. Dans les jeux vidéo, les joueurs entrent sur le terrain dénué du moindre état d'âme. Sur le pré, ce n'est pas le cas. Une équipe, c'est onze joueurs, donc onze vies dans lesquelles se déroulent des événements qui impacteront obligatoirement le niveau de performance sur le terrain. Mathieu Valbuena, qui enchaînait les saisons complètes, n'a jamais été autant blessé à Lyon que lorsque l'affaire du chantage à la sextape a éclaté. À Marseille, les habitués du Stade Vélodrome ont vu deux Lucho. L'élégant meneur de jeu argentin d'abord, son fantôme ensuite. Entre les deux, un cambriolage traumatisant pour lui et les siens a totalement coupé son élan. Ces données-là sont fondamentales quand bien même elles ne figurent pas dans les données statistiques ou tactiques d'une rencontre.

Si les débats sont parfois aussi acharnés après une rencontre, c'est aussi parce que l'analyse est une affaire de point de vue. « J'ai l'impression que nous n'avons pas vu le même match », entend-on parfois. Du stade, on ne voit effectivement pas le même match que devant la télévision. Le zoom des caméras et le travail du réalisateur permettent d'accéder à des détails qui échappent au spectateur. Mais, depuis les tribunes, ce dernier est mieux placé pour observer le jeu sans ballon, le mouvement d'une équipe, le positionnement du bloc, voire l'attitude d'un joueur qui ne se situe pas forcément à proximité du ballon. L'une des missions du commentateur consiste aussi à raconter au téléspectateur ce qu'il ne voit pas forcément. Avec Grégoire Margotton, c'est ce que nous nous efforçons de faire depuis le stade. Tout en sachant qu'en cas de doute, notre écran de contrôle nous sera d'un précieux secours.

Vraiment sociaux, ces réseaux ?

Chaque jour, je me fais la même réflexion : il va falloir arrêter. Le lendemain pourtant, j'y retourne. Comment nier mon addiction à l'actualité, via internet et les réseaux sociaux ? L'admettre, c'est déjà un bon point de départ pour s'en détacher. Pas beaucoup mais un peu. J'ai dû commencer à m'imposer des diètes digitales. Elles sont salutaires, surtout quand, après une période de très forte connexion, un rassemblement de l'équipe de France ou une Coupe du monde par exemple, je ressens le besoin de me désintoxiquer. Le temps d'un week-end, d'une après-midi, je vaque à mes occupations après avoir abandonné mon téléphone portable à la maison. Je suis alors reconnecté à l'instant présent, à mon quotidien, à l'essence même de la vie, à ce que la nature m'offre, à ce que je souhaite partager avec ma famille et mes amis. Ça me procure un bien fou. À passer trop de temps sur internet, on peut se construire, sans s'en rendre compte, une vie parallèle, virtuelle. Mon cas est sérieux… mais loin d'être critique. Si des séminaires de détox digitale, de silence, voire de survie en autonomie dans la nature ont déjà vu le jour, c'est parce que la rééducation à l'essentiel répond à un besoin.

L'ère du zapping est arrivée et je n'ai pas échappé à cette mode. Longtemps, j'ai effectué ma propre revue de presse le matin sur la base d'informations délivrées par les médias traditionnels. Je suis nostalgique de cette ancienne méthode où mon temps de recherche d'informations était bien mieux organisé et limité. Il n'est pas une journée sans que je me rende sur Twitter ou sur Google pour picorer les informations qui m'intéressent. Au premier abord, ce procédé est très pratique, notamment dans le cadre de mon activité de consultant. Je veux savoir ce que la presse a dit d'un joueur, d'une équipe ? Il me suffit de taper son nom dans le rectangle dédié et tous les articles qui lui ont été récemment consacrés apparaissent en un rien de temps. Les moteurs de recherche ratissent tellement large que l'on peut avoir la sensation de ne rien rater. D'être à la pointe de l'actualité en temps réel. On dirait une antisèche, ce qui présente un côté assez rassurant quand on gravite dans l'univers des médias.

Au final, ce petit jeu s'avère très chronophage. Il m'arrive de chercher une information sportive et de bifurquer vers un autre sujet sportif, parfois même politique ou économique, et c'est une quête sans fin. Au premier temps mort, je dégaine mon téléphone portable, ma tablette ou mon ordinateur pour aller aux nouvelles. Quand j'ai pris conscience du problème, j'ai commencé à me restreindre, en vacances par exemple. Les réseaux sociaux n'étanchent pas seulement ma soif d'infos et d'actu. Ils répondent à la nécessité de comprendre le monde dans lequel on vit. Mes comptes sont actifs sur les trois réseaux. Ouvrir un compte et le rendre officiel, avec un macaron bleu sur Twitter, Instagram ou Facebook, c'est aussi réduire l'espace des faux comptes. Dans l'océan des réseaux sociaux, les pirates s'en donnent à cœur joie. Ils empruntent votre identité, sèment la confusion en s'exprimant à votre place. Quand il navigue dans le registre de l'humour, de la parodie, l'usurpateur ne fait qu'écorcher votre égo. Mais quand ses « posts » prennent les contours d'une prise de parole publique en bonne et due forme, les dégâts peuvent se révéler autrement plus ennuyeux. J'ai une approche assez méthodique du système. Même si ça me prend encore trop de temps à mon goût, je gère chacun de mes comptes. Je ne poste pas de façon compulsive. Je me refuse à avoir un avis sur tout. Je devrais pourtant intervenir dans des domaines aussi variés que la politique, l'actualité ou l'environnement si je me fiais aux compétences de ceux qui s'estiment fondés à donner leur avis sur un match de foot… Aujourd'hui, tout le monde donne son avis sur tout sans en avoir la compétence. Pourtant, la parole de l'expert ou du spécialiste doit avoir un sens. Elle permet d'avancer et de percer le brouhaha façon cour de récré, avec ses groupies et ses grandes gueules.

À chaque réseau, son créneau, sa fonction. Twitter est très lié à mes activités professionnelles et au football. Dans l'univers du petit oiseau bleu, je relaye mes chroniques dans *L'Équipe*, mes passages sur le plateau de TF1 ou à l'antenne de RTL. Il m'arrive de twitter quelques photos pour emmener ceux qui me suivent dans les coulisses de *Téléfoot*, de la retransmission d'un match ou d'une émission. Je réserve mes prises de position aux médias avec lesquels je collabore, par professionnalisme et loyauté. Et parce que le format est réducteur. Même avec 280 signes contre 140 jusqu'à l'automne 2017, il n'est pas évident, me semble-t-il, de pouvoir développer ou nuancer un propos. Or, dans le foot non plus, tout n'est pas blanc ou noir.

Twitter est devenu un vecteur de communication de mon job de consultant, et plus vraiment un instrument d'opinion depuis que j'ai compris que ce réseau n'avait plus grand-chose de social. Ce n'était pas le cas quand j'ai ouvert mon compte à la fin de l'année 2012. La verticalité des relations avait alors à mes yeux quelque chose de séduisant. Le champion du monde et le fan de foot sont placés au même niveau. Ces échanges, je les imaginais sous le signe de la convivialité, de la bonne humeur. C'est le cas la majeure partie du temps. J'ai fait de très belles rencontres digitales sur Twitter et j'entretiens des contacts réguliers avec certains « Twittos ». Malheureusement, il arrive aussi que l'on patauge dans un ramassis de violence verbale dès lors que l'on émet un simple point de vue sur un match de foot, un joueur, un club. L'amour de certains supporters pour leurs couleurs les rend aveugles, leur fait perdre la raison, au point de les éloigner des grands principes d'éducation sans lesquels toute forme de communication est vouée à l'échec. Sur Twitter, l'anonyme fan de foot se positionne comme un expert, et s'exprime d'égal à égal, quels que soient ses connaissances en la matière et son niveau de pratique. Il prend le réseau social pour un haut-parleur. Il se sent enfin écouté et il veut qu'on l'entende. Alors il parle fort, avec excès. Combien d'insultes publiées sous couvert d'anonymat ? 15 ans, 20 ans, 25 ou davantage ? Quel âge ont-ils, ces trublions masqués, provocateurs… ? Bordée de certitudes, leur arrogance me donne le vertige. L'apprentissage, la remise en question, le respect ne font pas partie de leurs principes. Pour paraphraser Aimé Jacquet, ils se dirigent tout droit, tête baissée, vers de grosses déconvenues. Ce spectacle digital me désole souvent. Après la Coupe du monde 1998, j'ai reçu près de 10 000 lettres manuscrites. Poster une lettre n'a rien de comparable avec l'envoi d'un message via un réseau social. C'est une démarche qui prend du temps, qui exige une réflexion. Écrire un tweet anonyme, c'est quelques lignes, ça prend quelques secondes. C'est un format qui s'adapte mieux à une humeur, une colère, malheureusement. Dans la vie quotidienne, la « vraie vie », les rapports sont tout autres, bien plus naturels, bien plus simples. Il y a un visage, une voix et rien pour se cacher. La politesse, la courtoisie, la saine curiosité, la bienveillance reprennent leurs droits. A-t-on gagné au change avec ce nouveau mode de communication ? Je ne crois pas, mais c'est le monde dans lequel on vit et il n'y en a pas d'autre pour l'instant.

Tout n'est d'ailleurs pas à jeter dans ce domaine. Les réseaux sociaux sont aussi le reflet de ce que l'on en fait. Mes publications sur Instagram et Facebook sont davantage liées à mes passions, mes émotions et mon histoire. Je publie des vidéos de mes virées à vélo, de mes descentes à ski, de mes sorties en mer, en bateau ou avec mon surf. Avec une pointe de nostalgie, j'aime bien poster quelques vieux clichés qui retracent des moments forts de ma carrière aux Girondins, au Bayern ou en équipe de France. On se situe dans un rapport beaucoup plus affectif et bienveillant avec le public. La puissance de frappe est vertigineuse. Au cours de l'hiver 2016, j'ai filmé ma première descente de la face nord du Pic du Midi dans les Pyrénées, une pente réputée dans l'univers du ski hors-piste, très raide, skiable uniquement dans certaines conditions de neige. Moi qui adore le ski et le ski hors-piste, en particulier pour la liberté et les sensations qu'il procure, j'avais en tête depuis un moment de vivre cette expérience unique. La vidéo tournée avec mon smartphone dure deux minutes. Elle a été vue cent cinquante mille fois sur les réseaux sociaux. Avec trois fois rien, on peut toucher un monde fou. En tant que producteur de documentaires à la télévision, je peux assurer qu'il n'est pas évident de toucher un public aussi large aussi facilement. Pour ceux qui ne manquent pas de talent mais de moyens, ce n'est plus un réseau mais un ascenseur social qu'ils empruntent. Pas étonnant que les blogueurs soient devenus de nouvelles stars courtisées par les plus grandes marques. Ils sont suivis par des millions de « followers ». Autre intérêt, c'est la communication directe, instantanée. Quand, à titre personnel, je souhaite promouvoir des causes qui me tiennent à cœur, comme les Initiatives océanes de la fondation Surfrider, l'aventure extraordinaire du bateau *Energy Observer* ou la campagne « Mets tes baskets » d'ELA, je n'ai plus besoin d'attendre un entretien dans la presse traditionnelle comme avant. Je le fais en direct, simplement. D'ailleurs, la presse se sert de plus en plus souvent des commentaires ou des vidéos que les personnalités sont amenées à diffuser sur les réseaux sociaux pour composer un article. Les réseaux sociaux sont devenus des sources d'information à part entière.

Si je peux partager quelques-unes de mes sensations sportives, que ce soit sur des skis, sur un vélo ou un tatami, mes différents engagements professionnels ou associatifs, j'ai choisi de laisser ma vie familiale là où elle devait être, c'est-à-dire dans la sphère privée. De par son métier de comédienne et de chanteuse, Claire, ma femme, a une vie publique, elle aussi. Mais nous pensons, l'un comme l'autre, que pour vivre heureux et protéger notre fille de 9 ans, mieux vaut vivre caché, ou, en tout cas, vivre discrètement. Pour mon fils, j'ai appliqué la même règle. Mais maintenant il a 22 ans, c'est différent. Il est grand, il travaille à New York et il est prêt à affronter la vie. Dans le monde hyper-médiatisé dans lequel nous vivons dorénavant, où le privé et le public sont devenus complètement poreux, c'est encore plus important, me semble-t-il, de savoir poser ses filtres, ses barrières. Sans vouloir diaboliser les réseaux sociaux, ni jouer le parano de service, on peut quand même convenir que derrière chaque smartphone se cache désormais un paparazzi en puissance. Oui, je suis bien plus prudent. Ce contrôle sur soi-même, tout en restant naturel, a changé la donne. Notre liberté est rognée. On a clairement perdu au change. Chaque être humain est capable de supporter un seuil de pression à partir du moment où il dispose de plages de décompression. Les réseaux sociaux tendent à réduire ces plages à néant. Je me bats pour les préserver. Couper, se ressourcer est indispensable.

Si je n'abdique pas et ne me détourne pas des réseaux sociaux, ce n'est pas seulement pour occuper un terrain que d'autres occuperaient à ma place, ni parce que je suis masochiste ou que je cherche à flatter mon égo.

Je ne me lève pas le matin en consultant mes « like » ou mes « followers ». Les médias ont décidé de prendre ce virage, avais-je seulement le choix ? De toute façon, il me semblait impossible de ne pas leur emboîter le pas. *Téléfoot*, par exemple, a su moderniser son image en utilisant astucieusement Twitter, Instagram et Facebook. Dans le monde digital comme dans le monde réel, tout n'est pas blanc ou noir. Tous les médias ne connaissent pas malheureusement la même réussite. Pour rester référents sur internet et les réseaux sociaux comme ils l'étaient dans les kiosques, certains d'entre eux se sont laissés aller, je trouve, à des concessions indignes de leur prestige. En matière de vérification de l'information notamment. Ils citent la concurrence sans prolonger, ils émettent des hypothèses sans les vérifier dans les règles de l'art. Ils ont recours aux mots clés magiques, ceux qui assurent des clics et qui étaient réservés, il n'y a pas si longtemps, à la presse à scandale. Exclusif, malaise, scoop, scandale, etc. Bref, ils se tirent eux-mêmes vers le bas, bien aidés par leurs concurrents ou pseudo-concurrents. L'information est devenue un produit qu'on vend comme un feuilleton, qu'on commercialise comme une lessive. Lorsqu'il s'agit de faire le buzz, certains ne reculent devant rien, quitte à piétiner leur carte de presse, quand ils en ont une. Ils sortent les propos de leur contexte. Déformer, amplifier, créer des oppositions de façon totalement artificielle, même sur du vent, plus rien n'a d'importance : on s'arrange avec l'authenticité. L'important, c'est le clic. Un réseau social est un petit royaume où la reprise d'informations est la norme. Peut-être ne devrait-on pas accorder plus d'importance aux réseaux sociaux qu'ils n'en méritent.

Sont-ils représentatifs de l'opinion ? Quel pourcentage représentent-ils ? 0,1 %, 1 % ? En tout cas, même si une majorité de Français ne s'exprime pas sur les réseaux sociaux, ces derniers alimentent les débats dans les médias, pèsent, confortent, déstabilisent ou font mal.

Dans le football aussi la donne a beaucoup changé entre la période que j'ai connue et celle hypermédiatisée d'aujourd'hui. Avant 1998, nous étions peinards. Après 1998, nous sommes devenus les Beatles. Nous étions adulés, déjà très sollicités à cette époque. La relation avec le public était passionnelle et respectueuse. Jamais je n'ai ressenti la violence verbale qui sévit sur les réseaux sociaux aujourd'hui. On l'a vu à Lyon où Bruno Genesio, l'entraîneur de l'OL, a dû déposer plainte en septembre 2017 contre un supporter qui avait diffusé son numéro de téléphone sur Twitter au milieu d'un flot de haine. On a même menacé des joueurs physiquement parce qu'ils avaient mal joué ou parce qu'ils voulaient changer de club. On devrait écouter les entraîneurs quand ils évoquent les nuisances des réseaux sociaux dans la vie sociale du groupe qu'ils dirigent. Oui, un joueur peut trouver de quoi nourrir ses craintes sur Twitter après une prestation ratée. En 1998, Aimé Jacquet nous avait placés dans une bulle et cette stratégie de protection s'était révélée l'une des clés de notre succès. Deux décennies plus tard, elle est quasiment impossible à mettre en œuvre. À l'époque, il suffisait de couper les télés et de vider le kiosque à journaux de Clairefontaine. Vous imaginez Didier Deschamps demander à ses joueurs de se rendre à un rendez-vous international en laissant leur panoplie digitale à la maison ? Il faudrait accompagner les joueurs, leur enseigner des méthodes simples mais efficaces pour mieux appréhender l'évolution des médias, avoir recours à des psychologues pour éviter que leurs performances ne soient impactées par les critiques virulentes dont ils sont l'objet sur la Toile. À l'évidence, ils ont besoin d'un mode d'emploi. Combien de joueurs ont fermé leurs comptes, parce qu'ils avaient fini par y voir plus d'inconvénients que d'avantages ? Ils ont préféré se déconnecter parce qu'ils avaient la sensation d'être devenus des cibles. Face à une telle faillite de l'intelligence collective, un entraîneur pourrait opter pour une position radicale. Demander de tout couper. Mais l'environnement économique du football l'en dissuaderait très vite. Les sponsors n'accolent plus seulement leur nom sur le maillot. Ils veulent développer leur image sur les réseaux sociaux en profitant de la puissance de frappe du groupe sportif ou du joueur qu'ils parrainent. Ils demandent et obtiennent des instants de vie, des petits à-côtés. Le « community manager » est devenu un membre à part entière des staffs. Il filme des images, les monte et les diffuse. La situation est alors à peu près sous contrôle. Mais le dérapage n'est jamais loin quand un joueur décide de se prendre pour un cadreur ou un réalisateur ou pour son propre producteur. On en a eu un aperçu avec Serge Aurier ou Layvin Kurzawa.

Agir sous pseudo sur les réseaux sociaux n'est pas courageux, et l'idée même de savoir que mille, dix mille ou cent mille personnes s'acharnent sur une seule me révolte. Nous ne sommes plus très loin des jeux du cirque où le public disposerait d'un droit de vie ou de mort sur les footballeurs, devenus les gladiateurs des temps modernes. C'est malsain. Dans ce climat, les médias, plus que jamais, doivent faire preuve de sang-froid, de recul, de discernement. Ils ont une grande responsabilité. Les réseaux sociaux ne disparaîtront pas comme ils sont apparus. Seulement, je suis certain que les médias traditionnels ne feront pas toujours leur jeu, qu'ils reviendront aux fondamentaux. Qu'à la recherche du buzz, de la surenchère, de la punchline, ils préféreront se consacrer à nouveau à une autre quête, celle du sens, de la vérité. Celle-là même qui a fait leur richesse, leur réputation. L'enquête, le travail de fond doit redevenir un genre majeur, l'analyse pointue doit forcément finir par percer et s'élever au-dessus de la mêlée. Le superficiel ne durera qu'un temps. Ce n'est pas un souhait, mais une obligation. Pour une démocratie saine, je crois même qu'à terme c'est vital.

Entraîneur ? Oui mais non merci…

La comparaison est effrayante mais elle correspond à une réalité : la fin de carrière est qualifiée de petite mort. Quand l'heure de raccrocher les crampons a sonné, l'anonymat et l'indifférence guettent. Si l'on souhaite rester dans le football, l'offre pour continuer à exister se limite alors à trois rôles : consultant, dirigeant ou entraîneur. En devenant consultant, j'ai la sensation d'exploiter mon expérience et mon savoir-faire dans un registre qui me stimule, m'amuse et me permet d'avoir une vie en dehors du foot. Bref, j'ai trouvé mon équilibre, je suis libre et je suis heureux.

Si je devais repasser de l'autre côté de la barrière et travailler à nouveau pour un club, je me vois davantage dans le costume d'un directeur sportif ou d'un manager général plutôt que dans celui d'entraîneur. Incarner un club, avoir pour mission de le faire grandir dans toutes ses composantes, et pas seulement sportives, construire un projet dans la durée pourrait m'intéresser. Le sportif, le financier, le merchandising, la communication, le marketing… tous ces aspects attisent ma curiosité. Je ne ferme pas la porte à cette option qui demeure une curiosité intellectuelle, plus qu'une obsession. Ceci dit, mes occupations actuelles et mon rythme de vie me plaisent beaucoup, alors je n'ai aucune raison d'en changer pour le moment.

Le crépuscule de ma carrière de joueur tombé, il m'est arrivé aussi de me demander si j'avais les capacités pour devenir un bon entraîneur, comment je me comporterais sur un banc, si mes choix étaient couronnés de succès. Ces questions, je me les pose encore. Sur les tapis de jiu-jitsu, je gère assez fréquemment la préparation physique. Quand mon maître est absent, je prends également en charge la partie technique de l'entraînement. Dans le cadre de mes activités d'ambassadeur du Bayern Munich, je me suis retrouvé à plusieurs reprises sur des terrains aussi éloignés et différents que ceux de New York, de Shanghai ou de New Delhi à expliquer balle au pied à des gamins comment réaliser une reprise de volée, un contrôle ou un extérieur du pied. Moi qui ai le plus souvent été entraîné, je suis donc devenu ponctuellement entraîneur, éducateur. Je l'avoue volontiers, j'aime ce rôle et la réflexion qu'il impose. Stimuler l'autre, le guider vers un geste que j'ai fini par réaliser instinctivement nécessitent une réflexion pointue. Cet exercice de pédagogie, qui consiste à répondre à des interrogations que l'on ne se pose plus depuis belle lurette, ne va pas de soi. Sinon, tous les anciens joueurs deviendraient entraîneurs. Sur les méthodes d'entraînement, je pense que je bousculerais les pratiques en vigueur en m'appuyant sur des techniques issues d'autres sports. Le football est très conservateur, centré sur lui-même. Les rugbymen s'inspirent des sports de combat pour être plus performants quand il s'agit de mettre l'adversaire au sol. Ils font appel à des entraîneurs de lutte, de judo, de jiu-jitsu brésilien. Je suis persuadé que leur apport, dans les duels notamment, pourrait s'avérer très productif dans le foot. À mon sens, on privilégie toujours l'affrontement de deux forces, sans se demander, par exemple, s'il ne serait pas opportun de se servir davantage de la force de l'adversaire pour mieux le déstabiliser. Je m'inspirerais du foot en salle, du freestyle, du footy volley, de l'altinho, pour améliorer la dextérité de mes joueurs avec le ballon. Des spécialistes d'athlétisme m'aideraient à améliorer la vitesse de course des footballeurs, leurs appuis, les rendre plus toniques, plus véloces. Je casserais les codes en faisant du vélo plutôt que des footings déprimants quand il s'agit de retrouver la forme lors de la préparation de début de saison. Je travaillerais davantage le mental et la psychologie dans le foot, même si ces aspects-là demeurent tabous. Il y a encore tant de domaines à développer...

Quand on me demande mon avis, je le donne volontiers. Au fond de moi, j'aime transmettre. En toute humilité, je pense avoir développé une connaissance globale du sujet. La connaissance du foot, de l'entraînement, du corps, que j'ai apprise pendant mes études STAPS (sciences et techniques des activités physiques et sportives) à l'université de Bordeaux et peaufiné tout au long de ma carrière, celle de l'environnement du foot, de la gestion d'une carrière, du monde des médias et de l'image aussi. Je pense pouvoir être de bon conseil pour certains joueurs actuels et être armé pour apporter des réponses à beaucoup d'interrogations. Après, entre mes envies théoriques et la pratique, il y a un pas que je ne franchirai sûrement pas. Si on me le demandait, je conseillerais avec grand plaisir un Antoine Griezmann ou un Kylian Mbappé. Pas parce qu'ils sont les stars françaises actuelles, mais parce que je les trouve intéressants, réceptifs. Ce n'est pas le cas de tous les joueurs, car certains environnements sont souvent compliqués.

Ma carrière de joueur, au-delà des 23 titres collectifs et des 9 trophées individuels que j'ai remportés, m'a déjà rendu très heureux et apaisé. Ma deuxième vie, telle que je l'ai construite, me procure beaucoup de bonheur aussi. Alors pourquoi changer ? Aurais-je également été heureux en tant qu'entraîneur ? Si je n'ai pas basculé vers ce métier, ce n'est pas parce que je ne m'en sentais pas capable. Le métier d'entraîneur est très intéressant, j'en conviens. Il pourrait m'intéresser. Entraîneur, c'est entraîner, manager des hommes. Entraîneur, c'est aussi et surtout savoir transmettre une énergie. C'est la partie la plus difficile du job, celle qui ne s'apprend pas dans les livres… L'organisation tactique, le travail technique, la préparation physique, sont des compétences pas bien compliquées à maîtriser, dès lors qu'on a ouvert les yeux et tiré profit de tous les entraînements et de tous les entraîneurs que tu as côtoyés. Alors pourquoi ne pas devenir entraîneur ? Parce que je n'ai pas envie de me projeter dans ce quotidien-là, dans l'enchaînement des matches, remettre le survêt' et les claquettes. À la seconde où j'imagine la scène, je me bloque. J'ai déjà beaucoup donné dans le foot et c'est la vie qui va avec qui ne m'intéresse plus. Je l'ai déjà vécue presque jusqu'à l'overdose. J'ai besoin du foot mais je sais très bien vivre sans. En fait, ma curiosité, ma soif d'apprendre, de découvrir m'ont rattrapé, sitôt ma carrière terminée. Je ne pouvais pas me satisfaire d'une existence totalement dédiée au ballon rond. Je ne me voyais pas basculer dans un projet de ce type au point d'y consacrer quasiment tout mon temps et mon énergie. Car les entraîneurs sont encore plus obnubilés par leur mission que le plus professionnel des joueurs. Ils ne s'occupent pas seulement d'eux mais des autres, leur vie est dédiée à un groupe, elle prend très vite des allures monacales. Arrivée au stade à 8 heures, briefing avec le staff, premier entraînement à 10 heures, conférence de presse, déjeuner, débriefing avec le staff, deuxième entraînement à 16 heures, passage par l'infirmerie pour faire le point sur les blessés avec les médecins, entretien individuel avec un joueur ou réunion avec les dirigeants pour évoquer les transferts, analyse vidéo de l'adversaire, retour à la maison à 20 heures, visionnage des matches diffusés à la télévision une heure plus tard… Voilà à quoi ressemble le quotidien d'un coach de haut niveau. Et encore, je laisse de côté certains aspects moins essentiels de sa mission, mais tout aussi chronophages. Le football reste cependant mon fil conducteur. À la différence de celui d'entraîneur, mon métier de consultant me permet d'organiser ma vie en fonction de mes autres centres d'intérêt, mon appétit du moment. Joueur, j'avais déjà besoin de plages de respiration. Le surf en été, le ski en hiver, même si la pratique m'en était contractuellement interdite. J'avoue que je n'ai jamais respecté cette règle. C'était plus fort que moi. Ça me permettait de décompresser tout en m'entretenant physiquement. Ça m'a valu quelques frayeurs, comme fin 2001 à Chamonix, où j'ai été évacué inconscient dans un hélicoptère suite à une chute à ski à cause du brouillard, avec une double fracture du nez et un traumatisme facial. Je retiens aussi les quelques bonnes parties de rigolade et un peu de « chambrage » de la part de Duga, du temps des Girondins. La légende raconte que des cotillons – vestiges de nuits de fête – sortaient des poches de Christophe quand il prenait place dans le vestiaire, tandis que j'arrivais au Haillan avec une planche de surf dans le coffre de ma voiture et du sable dans les chaussettes. Je n'allais pas tous les matins scruter les vagues au Cap Ferret, mais cela m'est arrivé, c'est vrai. Et Duga ne sortait pas tous les week-ends.

Le terme de ma carrière approchant, je me suis également laissé envahir par un besoin de liberté. Pendant deux décennies, je m'étais imposé au quotidien une discipline de fer parce que je n'aime pas faire les choses à moitié, parce que, déjà, je n'avais pas envie de nourrir des regrets à l'heure de feuilleter l'album des souvenirs en me disant que je n'avais pas tiré le maximum de mes capacités. Faire attention à son sommeil, à sa nutrition, à son corps, répéter les mêmes exercices techniques, les mêmes efforts physiques, ça peut devenir lassant, pesant. Comme la vie de groupe et ses règles. De Bordeaux au Bayern Munich en passant par la sélection nationale, je pense avoir démontré en toutes circonstances un sens aiguisé du collectif et beaucoup de professionnalisme. Pourtant, j'ai toujours souffert des contraintes un peu scolaires qu'imposait la vie de groupe. Je les ai suivies par respect pour le collectif justement. Mais j'ai toujours pensé qu'elles étaient infantilisantes, qu'elles rognaient ma discipline naturelle et ma liberté, que les entraîneurs avaient besoin de décréter l'horaire du couvre-feu pour répondre à leurs propres craintes de voir un joueur déraper. Je sais bien qu'ils n'avaient pas forcément tort. Je sais aussi que les heures de rendez-vous pour les entraînements et les matches m'auraient suffi. Je sais enfin que j'aurais peut-être dû imposer les mêmes contraintes à mon tour si j'étais devenu entraîneur.

Elles expliquent aussi pourquoi l'envie de me rapprocher de mes racines, de goûter à mille choses, de voyager, s'est imposée à moi. Je me souviens de mon premier réflexe, comme un instinct de survie, quand j'ai arrêté le foot : rentrer au Pays basque, dans ce fief où je me sens intouchable, où je me ressource avant de repartir au feu, et construire ma deuxième vie professionnelle autour d'un choix de vie familial. Ma carrière m'avait imposé l'inverse, j'avais vécu dix années à l'étranger, j'avais assez donné. J'avais envie de voir Claire, ma femme, dans un cadre de vie que je savais équilibré et protégé. Je lui suis reconnaissant de l'avoir compris, elle dont le centre d'intérêt professionnel est à Paris. Je voulais voir ma fille Uhaina éduquée dans un système de valeurs qui correspond aux miennes, dans une jolie petite école face à la Rhune où l'on parle le français et le basque. De donner envie à Tximista, mon grand fils, de revenir régulièrement sur ses terres, lui qui travaille à New York et qui, dès son jeune âge, a vécu en Angleterre, en Corée du Sud ou aux États-Unis, lui qui est parti à la découverte de l'Amérique latine, du Groenland ou de la Polynésie. C'était un préalable à mes va-et-vient. Joueur, je m'étais rendu sur tous les continents, dans tous les pays, toutes les capitales, toutes les métropoles. Mais, je n'avais visité que les stades et les hôtels. C'est assez restrictif pour se faire une idée du monde. J'avais encore des brindilles de gazon sous les chaussures quand je suis devenu consultant pour la Coupe du monde 2006 en Allemagne. Cette reconversion s'est tout de suite bien passée, elle m'a permis de trouver un nouvel équilibre, de donner un sens à ma nouvelle vie. Pourquoi le mettre en péril ? Je pourrais estimer, aussi, qu'il s'agit du prix à payer pour combler un manque d'adrénaline que le glissement d'acteur à observateur du football aurait pu provoquer. Je l'avoue, je ne suis pas insensible aux beaux moments du passé, les matches de 1998 ou de 2000 avec les Bleus, l'épopée en Coupe de l'UEFA, en 1996, avec Bordeaux, le sacre en Ligue des champions ou la Coupe du monde des clubs en 2001 avec le Bayern. C'est beau, mais c'est loin. Le temps s'égrène, personne n'a oublié. La nostalgie fait son œuvre. Elle me plombe un peu. Je sais ne pas la confondre avec un besoin d'adrénaline, cette drogue légale après laquelle ont couru tous mes anciens coéquipiers passés du terrain au banc de touche. La tension du match répond à un besoin. Ces sensations fortes, je les ai dénichées ailleurs, dans tous les défis sportifs que je me lance, que ce soit sur un vélo, sur des skis, un surf, avec mon kimono ou ma combinaison de plongée. Rester six heures sur ma selle sans lâcher nécessite aussi un mental de guerrier. Participer à un championnat d'Europe de jiu-jitsu brésilien, le gagner en ceinture bleue sans jamais avoir pratiqué de compétition d'arts martiaux oblige à repousser ses limites. Skier dans le couloir nord du Pic du Midi et sa pente à 45 degrés, se retrouver obligé de prendre la corde pour descendre en rappel à cause des rochers, est un challenge excitant. Surfer la vague de Teahupoo en Polynésie, avec son récif à fleur d'eau, est une autre forme de vertige qui étanche ma soif de compétition, de défis grâce aux émotions qu'ils procurent. Cette envie de ressentir des sensations différentes en tant qu'athlète s'est décuplée avec le temps.

Je ne suis donc pas entraîneur, mais cette corporation m'intrigue. Quand l'un des siens réussit, on assure qu'il était prédestiné à la fonction. C'est toujours plus facile d'écrire l'histoire quand on en connaît l'épilogue. En réalité, devenir entraîneur ne se décrète pas, même avec l'élan des amis qui vous veulent du bien et la sympathie d'une opinion à qui vous avez laissé une bonne impression avant de fermer la porte et de dire au revoir. En fait, on ne peut devenir que candidat à la fonction. On décide juste d'essayer de devenir entraîneur. J'emploie le verbe « essayer » parce que tous les candidats ne décrochent pas un poste. Certains, quand ils y parviennent, sont obligés de bourlinguer de contrat en contrat. Et donc de ville en ville. Trouver un poste stable dans un club suffisamment solide dans ses structures et ses moyens pour ne pas trembler à la première bourrasque n'a rien d'évident. Je suis toujours content quand je vois mes anciens compagnons de route, Didier Deschamps, Laurent Blanc ou Zinédine Zidane remporter de nouveaux trophées. Je me souviens aussi que tout n'a pas été simple pour le premier lors de ses débuts à Monaco, puis à Marseille où il a pourtant tout gagné, que le deuxième a attendu pas mal de temps avant que Bordeaux ne lui laisse sa chance alors qu'en plus de sa légitimité il avait tous les diplômes requis. Quant au troisième, avant de remporter deux Ligues des champions pour ses deux premières saisons sur le prestigieux banc d'un Real Madrid qu'il avait récupéré complètement patraque, il avait commencé ses classes avec l'équipe réserve sur les terrains anonymes de la Division 3 espagnole... J'admire leur ténacité, leur perspicacité. Quand je les vois s'activer devant leur banc, ma curiosité peut parfois m'amener à me demander comment je m'y prendrai pour manager les stars sous leur coupe. Parce que la clé, elle se situe là et uniquement là au très haut niveau. Dans la gestion des hommes, de leurs états d'âme, de leur égo. Cette clé, je ne pense pas qu'on la reçoive en même temps que le diplôme d'entraîneur, une fois les deux années de formation au Brevet d'entraîneur professionnel de football achevées et l'examen validé. Je me suis posé toutes les questions possibles à propos du métier d'entraîneur et au sens à donner à ma deuxième vie. Au final, un constat et une conclusion s'imposent à moi : j'aimerais bien être entraîneur, mais je ne veux pas de la vie d'entraîneur...

Corps à corps

À l'école, on apprend à lire, à écrire, à compter, on apprend le français, l'histoire, la géographie, mais pas la façon dont fonctionne le corps. C'est quand même extrêmement surprenant. Au lieu de disséquer la cuisse d'une grenouille, je pense qu'il serait nettement plus profitable pour un collégien d'acquérir les bases de l'anatomie et de la physiologie de l'être humain. À quoi servent un muscle, un ligament, comment fonctionne une articulation, comment entretenir son cœur et préserver ses poumons. Qui n'est pas préoccupé par sa forme ? Personne. La santé est un souci majeur. Un enjeu de société même. Pourtant, notre corps reste une machine dont on ne connaît pas le mode d'emploi. L'État devrait convaincre le citoyen que la pratique sportive réduit les problèmes de santé. De façon un peu cynique, je pense même que ses comptes auraient tout à y gagner. Il faudrait rendre obligatoire une formation à quelques grands principes, le cycle respiratoire, la circulation sanguine, les effets de la diététique sur le corps, l'importance de l'hydratation sur l'élimination des toxines par les reins. L'apprentissage du corps permet de comprendre son langage, de savoir ce qui lui convient. La santé est aussi une affaire de prévention. La récupération est un facteur déterminant du bien-être. Elle est une composante de la préparation physique chez un sportif. Le sommeil est essentiel. Tout au long de ma carrière, le mien fut une source de combat, tant il est léger.

J'admire les médecins et les chirurgiens. Les progrès de la médecine nous ont permis de comprendre et de soigner un grand nombre de blessures dans le sport. On récupère beaucoup plus facilement d'une rupture du ligament croisé antérieur aujourd'hui qu'il y a trente ans. Mais médecins et chirurgiens sont aussi des hommes. Et l'erreur reste humaine. Ils ne détiennent pas la vérité absolue. Il faut donc toujours confronter les avis : il n'est pas rare qu'ils soient différents alors que le problème analysé, à l'origine, est le même. La chirurgie intervient pour réparer, une fois le mal fait. La prévention peut éviter d'en arriver à cette extrémité. Avec le soutien des kinés et des ostéopathes, on peut souvent éviter qu'un petit problème ne devienne plus lourd à gérer. On en revient toujours à la même exigence : bien se connaître, traiter le problème à la source. Quand je ressens une tension à la cheville, je sais qu'elle peut avoir des répercussions sur mon dos. Alors, je vais voir mon ostéo pour ne pas laisser le problème s'amplifier. Il faut être sensitif sans être paniqué à la moindre douleur. Une certitude : pour être bien dans sa tête, il faut se sentir bien dans son corps. Le corps est une locomotive, pas une remorque. Dans les pays nordiques, cette vérité s'impose à tous, jusque dans les techniques de massage, l'utilisation du chaud et du froid. Je me déteste quand j'ai la sensation, physiquement, d'être une « chaussette ». Vous l'avez compris, je n'imagine pas la vie sans sport. Sa pratique m'apaise et me stimule. L'entretien du corps répond à deux ou trois grands principes à la portée du premier venu. Prenons le cœur, par exemple. Il est au carrefour de tout. Mais on oublie que c'est un muscle qui nécessite un entraînement régulier. Il est donc très important de le stimuler en pratiquant des sports d'endurance comme la natation, le vélo ou la course à pied. Les muscles ensuite. Ils permettent de tenir le squelette. Le gainage permet de les entretenir, de se constituer une « charpente solide » qui résistera au temps et évitera les déséquilibres et les points douloureux, au dos notamment. Il ne suffit pas de se contenter de renforcer ses muscles par le gainage, le muscle doit également être souple pour donner de la flexibilité au mouvement du corps. Les étirements musculaires y participent activement. Il existe une variété infinie d'exercices pour étirer les jambes, le bassin, le dos ou les bras. On peut même développer le travail des étirements par la pratique du yoga, plus complète, qui fait appel aux techniques de respiration et de relaxation mentale. Pour gagner en vélocité, en résistance ou en force, il faut s'orienter vers des exercices plus spécifiques. Mais l'endurance, le gainage et la souplesse musculaire forment un minimum syndical. Ils permettent d'entretenir le corps au quotidien. Coupler ces quelques recommandations à une alimentation équilibrée est un prérequis indispensable pour se sentir bien dans sa peau. La blessure punit tôt ou tard les sportifs à l'hygiène de vie aléatoire, les noctambules invétérés, ceux dont l'alimentation n'était pas adaptée aux besoins d'un sportif de haut niveau.

J'ai connu des troisièmes mi-temps arrosées après certains matches avec les Girondins de Bordeaux. Mais ça restait rare et nous ne subissions pas l'accumulation de matches que j'ai connue par la suite au Bayern. À Munich, je n'aurais pas pu. J'avais un rythme de vie quasi monacal. Je n'ai jamais voulu perdre le focus de l'essentiel. Et puis les paillettes de la nuit ne m'ont jamais attiré. J'ai toujours entrevu ce monde comme un nid à excès et à emmerdes. L'expérience aidant, j'en ai acquis la certitude en voyant certains de mes collègues s'y perdre.

Au fond du trou

Joueur, j'étais discipliné, professionnel, à l'écoute de mon corps c'est vrai, mais un peu « bourrin », aussi. Genre « même pas mal ». À force d'entendre que mon corps était un outil de travail, j'avais fini par l'envisager comme tel. Comme s'il suffisait d'adopter un régime nutritionnel équilibré et de bien dormir la nuit pour être à l'abri de tout pépin physique… J'avais oublié un paramètre essentiel. Le lien entre la tête et les jambes. Mes études STAPS m'avaient pourtant sensibilisé au sujet, mais il m'a fallu attendre l'âge de 27 ans, et ma première blessure sérieuse, pour me rendre compte de cette douloureuse réalité. Les tensions qui peuvent polluer la vie personnelle ont des répercussions directes sur le corps. L'impact est loin d'être neutre. Je me souviens d'avoir été rongé par l'incertitude comme jamais. Le choc fut violent. L'idée que ma carrière allait brutalement s'achever m'a même traversé l'esprit. Pour ma première blessure sérieuse, j'ai eu droit à une pubalgie. Il s'agit d'une inflammation du pubis, une blessure fréquente au foot. Le pubis est une zone ligamentaire qui fait la jonction entre les deux os coxaux qui forment la hanche. Au football, les hanches sont très sollicitées.

Beaucoup de muscles et de tendons s'y accrochent. Quand cette zone se dérègle, c'est la… merde ! Il n'y a pas de blessure plus vicieuse, plus pernicieuse que la pubalgie. C'est long, très long à guérir. Surtout quand on peine, comme ce fut mon cas, à en appréhender les causes. Pour y voir plus clair, il aurait été nécessaire de poser tous mes problèmes sur la table, plutôt que les cloisonner. Nous sommes à l'automne 1995. Mon équilibre personnel, secoué par la séparation d'avec la mère de mon fils, vacille. L'Euro 1996 est dans ma ligne de mire. Je n'ai pas envie de rater ce rendez-vous. L'équipe de France est en pleine reconstruction, je commence à m'y faire une place. Avec Bordeaux, mon club formateur, nous vivons une épopée incroyable en Coupe de l'UEFA, qui ne s'achèvera qu'en finale contre le Bayern Munich. Impossible de passer à côté de ce menu alléchant, d'autant plus que je suis capitaine de cette équipe. Jusqu'au bout, je vais m'accrocher, serrer les dents pour ne rien rater. À trop tirer sur mon organisme pendant plusieurs mois sans écouter les signaux d'alerte qu'il m'envoie, je vais en payer le prix fort, à retardement. À mon retour de vacances, après un Euro anglais concluant où nous avons atteint les demi-finales, je quitte Bordeaux pour Bilbao. La reprise vire au cauchemar. Les douleurs lancinantes dans l'aine s'accentuent jour après jour, jusqu'à devenir insupportables. Problème de récupération, impasse sur certains matches… Ce cycle infernal se conclut par un arrêt total et, en ce qui me concerne, une opération. Je pense mettre tous les atouts de mon côté en m'en remettant au Colmarien Jean-Henri Jaeger. Dans le monde du sport, sa réputation de spécialiste dans le domaine de l'orthopédie et traumatologie a franchi les frontières. Mais l'intervention chirurgicale ne gomme pas tous mes tracas. La convalescence me semble interminable. Je perds confiance en mes moyens physiques. Mentalement, cette épreuve est très compliquée à vivre. Je me sens seul, incompris. Jusqu'alors, je considérais mon corps comme une machine parfaite, capable, sans grincer, de répéter quotidiennement des efforts intensifs. Je pensais qu'il suffisait d'appuyer sur un bouton pour la mettre en marche et pouvoir jouer au foot. L'arrêt m'est insupportable. La perte de ma force physique est atroce. Je suis gangréné par le doute, je me dis que je ne retrouverai jamais plus mes jambes de l'époque bordelaise. Je rends visite à un acupuncteur réputé à Genève, à des ostéopathes, des diététiciens aux quatre coins de la France… Le temps passe, je suis aux abois, prêt à tout pour retrouver mes sensations.

Après une saison de doute et de douleurs à Bilbao, je décide de changer de club, de changer d'air et je signe au Bayern Munich en juin 1997 habité par l'espoir d'une renaissance. Mais je vais continuer de traîner ces pépins physiques encore plusieurs mois. Me voici dans un nouveau pays, confronté à une nouvelle culture, un nouveau cadre de vie, la nécessité de démontrer mes qualités comme à chaque changement de club alors que je suis encore diminué physiquement. Ça ne simplifie pas la donne. À ce moment précis, il est hors de question de renoncer, de rentrer au pays la queue entre les jambes. Plutôt mourir… Je suis comme un navigateur engagé dans un tour du monde et qui ne remettra le pied à terre qu'une fois la ligne d'arrivée franchie. Une visite m'a été d'un très grand réconfort et m'a ramené à l'essentiel, celle d'Aimé Jacquet. « Il faut que tu t'accroches, que tu te soignes bien, que tu rejoues, parce que si tu retrouves l'intégralité de tes moyens, tu seras mon arrière gauche à la Coupe du monde », me dit-il. Cette promesse m'a fait un bien fou. Je multiplie alors les séances de soins, je me mets au yoga pour retrouver plus de flexibilité, je cherche à optimiser un peu plus ma diététique. Chaque détail compte mais l'équation à laquelle je reste confronté demeure compliquée à résoudre. J'ai besoin de temps de jeu pour retrouver la sélection mais je ne suis pas encore au mieux physiquement. Or, un entraîneur est censé aligner sur le terrain les joueurs les plus en forme. Sans la complicité des dirigeants du Bayern, mon retour au premier plan dans les délais imposés par la Coupe du monde n'aurait sans doute pas été possible. Cet épisode m'a permis de mesurer ce qu'était un grand club et de grands dirigeants. Du président au préparateur physique, tout le monde, au Bayern, avait compris l'importance que revêtait ce rendez-vous avec mon pays natal. En se mettant un peu à mon service, le club a fait preuve d'une grande psychologie. Il n'a pas eu à le regretter. À mon retour, en août 1998, je suis champion du monde. Je tiens ma revanche et je veux aussi tout « péter » avec le Bayern. Sur le terrain, je vole, et le public munichois peut enfin comprendre pourquoi j'ai été recruté.

Horloge biologique

Dans ma vie de sportif, il y a donc eu un avant et un après pubalgie. Avant, j'avançais dans l'insouciance de mon corps, la sensation sécurisante d'en avoir toujours sous le pied, d'être toujours au-dessus physiquement. Après, j'ai appris à cohabiter avec la douleur, à passer sur les petites gênes résiduelles. Mais cette blessure m'a aussi endurci. Ce que j'ai un peu perdu physiquement, je l'ai gagné mentalement. Je sais que je suis revenu de loin, de très, très loin. Ce petit séjour si près du vide aide à s'endurcir, à n'avoir peur de rien. Si j'ai été amené à tirer un trait sur ma carrière à l'âge de 36 ans et demi, ce n'est pas tant à cause des deux blessures successives au même mollet à l'automne 2006, qu'au cadre imposé par l'exercice de mon métier que je supportais de moins en moins. Une déchirure musculaire se soigne dans des délais raisonnables. J'ai d'ailleurs renoué avec la compétition quelques semaines plus tard et j'ai pu terminer en beauté ma merveilleuse histoire avec le Bayern, par le dernier match de ma carrière à l'Allianz Arena, contre le Borussia Dortmund, devant 75 000 spectateurs. Curieusement, quelques semaines plus tard, une fois libéré des contraintes quotidiennes, j'ai ressenti en moi une énergie nouvelle, une fraîcheur mentale dingue. Je pratiquais enfin le sport à ma guise, selon mes envies, au rythme que j'avais décidé. C'est ce qui m'a amené à penser, un peu plus tard, que j'aurais pu continuer à jouer jusqu'à 40 ans. Je n'ai jamais nourri le moindre regret à ce sujet. Cela aurait nécessité une complicité avec l'entraîneur pour pouvoir suivre une autre forme de préparation à la compétition. Ce compromis n'aurait été possible qu'avec un coach du profil d'Ottmar Hitzfeld par exemple, mon mentor au Bayern entre 1998 et 2004. Avec le temps, j'ai aussi compris que le vieillissement imposait à ceux qui souhaitaient durer de basculer vers un entraînement plus spécifique, plus qualitatif et moins quantitatif. Il s'agit alors de travailler sur la variété, en aidant les joueurs plus expérimentés à rester frais mentalement. Mais dans le football de mon époque, les principes d'entraînement étaient assez figés. Il y avait peu d'entraînements spécifiques en fonction de l'âge, du poste ou du profil physique. Petits comme grands, jeunes comme vieux, défenseurs comme attaquants, nous avions tous droit, au nom d'une équité discutable, à la même charge de travail. Beaucoup d'entraîneurs s'en tiennent aux mêmes principes. Ces réflexes monomaniaques doivent les rassurer. À mon sens, il est possible, et peut-être même nécessaire, de faire grandement évoluer l'approche mentale et physique dans le football. Les mises au vert la veille des matches sont sûrement nécessaires pour les joueurs dont la rigueur et le sérieux ne sont pas les premières vertus. Mais elles s'avèrent tellement contraignantes et usantes pour les plus professionnels. S'agissant du timing de mon clap de fin, je ne nourris donc aucun regret. De là à prétendre que j'ai arrêté au bon moment… Ce poncif, comme le match de trop, est vide de sens. Il m'insupporte. La fin d'une carrière sportive, c'est comme la fin de la vie, d'une relation amoureuse, c'est dur et c'est triste. Dans le sport, beaucoup trop de paramètres entrent en jeu pour déterminer avec certitude le moment de tirer sa révérence. Il faut surtout se retirer sans regrets, en étant allé au bout des choses, de son envie. Certains footballeurs finissent dans une division inférieure ou dans un championnat de deuxième zone, au Qatar, en Chine ou en Inde. Ce n'est pas honteux, mais ce n'est pas terrible quand on a goûté au top. C'est pour ça que je mesure la chance d'avoir pu terminer ma carrière dans l'un des plus grands clubs du monde et d'avoir pu me retirer avec classe, devant ma famille, mes amis et un public reconnaissant qui avait à cœur de me dire au revoir. Ces moments n'ont pas de prix. Je remercie le Bayern aussi pour ça. J'ai vécu toutes les émotions auxquelles un footballeur peut rêver. Je ne remercierai jamais assez le football pour tout ce qu'il m'a apporté. Pour prolonger l'aventure, j'aurais eu besoin de basculer dans un quotidien moins contraint, d'être plus libre. J'avais envie de quitter cette routine, les hôtels, les avions, le bus, le survêtement, la tenue, le sac… Je ne voulais plus être assisté, je voulais vivre ma vie d'adulte, je voulais être libre.

Bigorexie

Dix années se sont écoulées, je passe parfois six heures sur mon vélo, sept heures sur ma planche de surf. L'hiver, le ski peut m'occuper du matin 9 heures au soir 17 heures. Bon, je sais, je suis un peu taré. Rassurez-vous je me soigne naturellement, sans être obligé de consulter un psy… Plus sérieusement, c'est évident que j'ai une addiction au sport. J'ai découvert dernièrement que cette addiction est une maladie qui s'appelle la bigorexie. Donc je suis bigorexique ! Rassurez-vous, je vis très bien avec. J'ai beaucoup appris du sport, j'ai beaucoup appris sur moi en m'adonnant au sport. J'ai compris qu'il me permettait de prolonger mes rêves d'enfant. Le jeu est une source de motivation essentielle et, pour ne pas la tarir, il faut varier les exercices. La répétition conduit dans l'impasse de l'ennui. Le sport doit être synonyme de plaisir. En la matière, je respecte le rythme de la nature, des saisons. Je pratique le vélo uniquement au printemps, l'été et à l'automne quand la température est clémente. Aux beaux jours, les panoramas sont somptueux, les montagnes du Pays basque dégagent une énergie et une fraîcheur vivifiante, idéales pour la pratique du vélo.

L'hiver c'est le ski, les virées dans les Pyrénées ou les Alpes, à la recherche de pentes vierges et de la plus belle poudreuse. Le surf, c'est toute l'année quand les dépressions au large de l'Atlantique nous envoient une longue houle et que le vent lisse délicatement la mer pour donner aux vagues une forme de perfection. Quand il fait mauvais, je reste en salle et je fais du jiu-jitsu brésilien ou du yoga. L'entraînement est resté une fête. Le changement fondamental auquel j'ai été confronté, c'est l'arrêt de la compétition. Délesté de cette obligation, je suis désormais à l'écoute pleine et entière de mon corps. Je respecte mon rythme biologique. En compétition, impossible de couper. Désormais, quand je suis fatigué, je m'accorde un break sans avoir à en référer à quiconque. L'écoute de mon corps me permet d'anticiper la blessure et, donc, de me situer davantage dans la prévention. Cela nécessite une bonne connaissance de soi-même. Des petites douleurs qui apparaissent et s'additionnent, à la cuisse et au dos par exemple, c'est un message envoyé par l'organisme. Une invitation à lever le pied, car les dangers du surrégime guettent. Je lâche prise. Il m'est arrivé le matin d'aller courir une heure et demie avant d'effectuer trois quarts d'heure de yoga, d'enchaîner deux heures de jiu-jitsu brésilien dans la soirée et six heures de vélo le lendemain. Les deux jours qui ont suivi, je suis resté au repos sans qu'aucun entraîneur ne puisse trouver à y redire. Je rends visite à Marc Messina, mon kiné-ostéopathe de Bidart, au moins deux fois par mois. C'est nécessaire, compte tenu de mon activité physique très soutenue. À part une entorse cervicale contractée quand je jouais au foot et qui s'est réveillée sur un tapis de jiu-jitsu, je ne me suis jamais blessé depuis la fin de ma carrière. Probablement parce que je respecte mon rythme biologique. J'ai l'esprit libre, j'ai trouvé un équilibre de vie qui me convient. La charge que j'impose à mon corps correspond à ce qu'il est capable d'endurer. Je ne fais pas du sport parce qu'il le faut, je fais du sport parce que j'aime ça. Je ne fais pas du sport pour être en forme. Je suis en forme parce que je fais du sport. La différence entre cause et conséquence est essentielle me concernant. Ma pratique soutenue répond à un besoin physiologique, hormonal, qui a un impact direct sur mon humeur. Savoir que je pourrais pratiquer le vélo ou le surf jusqu'à la fin de mes jours me rassure. Je sais que, dans quinze ans, je ne pourrais plus forcément faire de jiu-jitsu. Quand j'ai commencé il y a dix ans, je m'entraînais quatre à cinq fois par semaine car j'avais un objectif de compétition. J'ai appliqué les mêmes principes d'apprentissage que dans le football. Désormais, je suis ceinture noire. Ce grade m'a été remis le 29 avril 2016 par mes maîtres en jiu-jitsu brésilien Yannick Beven et Ze Marcelo. Ce jour-là, j'ai été aussi ému que lors de certaines de mes plus grandes victoires de footballeur. C'est un honneur et une responsabilité d'être ceinture noire. C'est aussi une forme d'accomplissement personnel dans les arts martiaux, que je ne n'avais jamais pratiqués. Je ne connaissais rien au jiu-jitsu brésilien avant. Aujourd'hui, c'est comme s'il coulait dans mes veines. Yannick Beven est devenu un ami et notre club YBBJJ de Capbreton une petite famille. Avec le temps, je m'entraîne moins souvent qu'au début mais je garde un rythme régulier de trois entraînements par semaine. Les séances sont plus orientées vers la technique que la force ou le combat, afin de préserver mon capital physique. Cette expérience me permet de donner quelques conseils simples : à partir d'un certain âge, quand on n'est plus suffisamment tonique et gainé, on s'expose davantage aux blessures en pratiquant des sports de contact ou de pivot. Le manque de temps n'est pas une excuse valable. C'est un alibi. Faire du sport, ce n'est qu'une question de plaisir, de volonté et d'organisation. Quand j'étais en internat à la section sport-études à Bordeaux, je me levais une demi-heure avant mes camarades pour faire des pompes et des abdominaux, ce qui me permettait de me renforcer musculairement. Une petite séance de gainage et d'étirement chaque soir, une session de footing ou de vélo le week-end, c'est quand même jouable pour n'importe qui, non ? Dans une quête d'équilibre, de stabilité, une pratique régulière est essentielle. Vélo, course à pied ou natation ? D'abord, choisir un sport d'endurance et le pratiquer dans la mesure du possible dans un environnement naturel. Le cœur est un muscle qu'il convient d'entretenir régulièrement. C'est-à-dire une à trois fois par semaine, selon son âge et du temps dont on dispose. J'ai beaucoup de mal à imaginer la vie dénuée de toute activité physique. Il faut bien pourtant me rendre à l'évidence. J'ai besoin de me sentir fort et le temps n'est pas le meilleur allié de cette sensation. Je prépare le terrain doucement. Quand le jiu-jitsu sera devenu trop éprouvant sur le plan musculaire et articulaire, je compenserai, par exemple, par davantage de natation en eaux vives, palmes aux pieds. Je découvrirai d'autres plaisirs. Je mise sur ma curiosité pour dénicher le bon produit de substitution. En attendant que le champ des possibles ne se restreigne, j'en profite. À vélo, je profite des paysages sublimes, de lumières incroyables. Dans un col à 12 ou 13 %, je retrouve les sensations fortes de l'effort d'endurance et le bien-être qu'elles procurent. À deux kilomètres du sommet, je me refuse à lâcher et je suis prêt à puiser dans toutes les sources de motivation possibles et imaginables. Je peux me mettre en danseuse en me disant : « Encore trois cents mètres, jusqu'à la bagnole. Et pas avant. » Pas avant parce que, toute ma vie, j'ai été conditionné à aller jusqu'à la bagnole et mettre le pied par terre avant, ce serait me renier, écorcher mon honneur, même si le défi que je me suis lancé peut sembler dérisoire. Je me souviens d'une sortie de plus de 100 bornes l'été dernier avec mon frère Peyo et Jean Luc Bravi, un copain cycliste. On avait décidé de faire 3 cols basques, avec beaucoup de dénivelés, sur les hauteurs de Saint-Jean-Pied-de-Port, en direction de la sublime forêt d'Iraty. Au programme, le fameux col de Bagargui avec son dernier tronçon de 6 kms à 12% de pente. Il y avait du vent de face, c'était dur, nous avions déjà gravi le Burdincurutcheta et le col du Port de Larrau. Ça commençait à tirer et il fallait puiser dans toutes les ressources psychologiques. Mais le paysage était grandiose. C'est ce qui me plaît dans le vélo. Souffrir et résister dans la beauté. Avec l'expérience, je souris aussi de mes réactions. Par exemple, quand quelqu'un me provoque un peu, je sais par avance comment je vais réagir… Un jour, un cycliste me lance, en pleine ascension d'un autre col basque, que je respire comme un ventilateur… Instantanément, je me suis enflammé, ça m'a boosté… Au virage suivant, je me suis mis en danseuse, j'ai accéléré et j'ai fini par le larguer. Et puis, je l'ai attendu pour le regarder passer au sommet. Ce type de comportement est ridicule, je le sais, je n'ai plus rien à prouver mais j'ai été formaté toute ma vie comme ça, c'est plus fort que moi. Maintenant je m'en amuse. Il faut bien qu'il reste quelques séquelles…

Je ne sors jamais d'une virée à vélo ou d'une séance de jiu-jitsu lessivé, mais habité par la satisfaction de me sentir apaisé, costaud. C'est une forme d'addiction, probablement comparable à l'effet d'une drogue euphorisante. Comment pourrait-il en être autrement ? Pendant vingt ans, j'ai sécrété quotidiennement des endorphines, j'ai habitué mon corps à ces bains de jouvence. Faire du sport, c'est aussi une nécessité, j'ai besoin d'être prêt : prêt à relever tous les défis sportifs, prêt à défendre mon territoire, prêt à tout. Pourquoi ? Je ne sais pas vraiment mais je n'ai pas besoin d'aller chercher plus loin dans l'introspection parce que la conclusion est simple : faire du sport, ça me fait un bien fou.

Et le foot, dans tout ça ? Mon rapport au ballon rond a changé. Comme j'entretiens ma condition physique, j'arrive à tenir encore la route sur mon aile gauche, les rares fois où je joue. Quand on a joué à un très haut niveau, ce n'est pas évident, mentalement, d'observer le poids des années. Surtout quand, en face, l'adversaire compense son manque de technique ou de vision du jeu par sa jeunesse, son engagement et l'envie de se mesurer à un champion du monde. Malgré l'âge, ma nature profonde refait surface… Plutôt mourir que de laisser un mec me dribbler. Mon instinct de compétiteur reprend le dessus. Parfois, certains matches « amicaux » se sont terminés par des accrochages verbaux, voire physiques. Lors d'une rencontre avec des anciens pros contre une équipe amateur, je me suis retrouvé face à un jeune homme d'une vingtaine d'années. C'est toujours la même histoire dans ces matches amicaux : on vient pour s'amuser, pour la bonne cause, et il y a toujours un gars qui a un truc à prouver. Dans sa première prise de balle, je comprends qu'il n'est pas venu pour rigoler. C'est son jour. Sur son premier débordement, je lui fais un tacle un peu viril en espérant calmer ses ardeurs, en espérant qu'il ira voir ailleurs. Mais le mec s'obstine. Au deuxième débordement, je l'accroche et le fais tomber, un peu comme un plaquage au rugby. Une fois au sol, je lui fais une petite immobilisation de jiu-jitsu en lui disant : « Maintenant, vas jouer ailleurs ! » et ça l'a calmé. Heureusement que je ne faisais pas de jiu-jitsu quand j'étais footballeur professionnel !!!

Dans ma deuxième vie, la pratique du sport présente un autre avantage non négligeable. Elle me permet de repousser les frontières du possible, notamment dans mon alimentation. Je dois l'avouer, je fais aussi du sport pour manger. À table, je suis très fidèle à mon Sud-Ouest natal. Bonne bouffe, bon vin. De mes deux décennies de footeux, j'ai conservé des habitudes saines. Mais je suis moins regardant sur la composition des repas. Je peux manger parce que je fais du sport, mais comme je fais du sport et que j'entends rester performant, je ne mange pas n'importe quoi. Je préfère m'abstenir plutôt que d'ingurgiter un de ces sandwiches en forme de triangle qui remplissent les rayons des stations-service. En revanche, je n'ai aucun souci à me faire plaisir devant une côte de bœuf, des frites et un bon vin rouge. La gastronomie fait partie des plaisirs de la vie. Que la cuisine soit japonaise, italienne ou française, je l'apprécie, à partir du moment où elle est de qualité. À table, je ne fais pas semblant. Je me nourris moins que lorsque je jouais, parce que mes besoins ont logiquement régressé. J'ai la chance de pouvoir privilégier la qualité à la quantité. Parmi mes petites coquetteries, la *Weißbier*, la bière blanche, que je me fais livrer directement de Bavière, et le vin, de Bordeaux bien entendu. La différence fondamentale entre ma vie d'avant et celle d'aujourd'hui, c'est que je n'ai plus à tout calculer en fonction de mes matches, mon alimentation, mon temps de repos. Désormais, je peux terminer un dîner à 2 heures du matin et me lever à 7 pour faire du vélo. J'irai peut-être un peu moins vite, mais je sais que je franchirai les cols que j'ai décidé de franchir, peu importe le temps que ça prendra. L'important, c'est de profiter de l'instant présent. Seules la météo et la nature ont prise sur mon agenda. Le jour des vagues, je surfe. Quand la poudreuse tombe, je skie. Quand le temps est pourri… je fais du jiu-jitsu dans mon dojo personnel, ou je travaille dans mon bureau. Pas question d'aller faire une heure de gainage en salle, puis un footing sur un parcours toujours identique. Je varie tout le temps. Le vélo m'a permis de redécouvrir le Pays basque et de m'émerveiller de la beauté de ses paysages. Le surf m'entraîne dans des contrées sublimes, le ski, face à des panoramas vertigineux. Ce plaisir-là est devenu essentiel. Je ne supporte pas l'idée de ne pas me sentir en forme. La flamme qui m'anime et me pousse à rester « fit », ce n'est pas le miroir mais la sensation de pouvoir rester performant. J'aime me sentir athlète.

C'est aussi le cas de Fabien Barthez ou de Zinédine Zidane. C'est important d'avoir de la tenue. Surtout quand son corps a été son outil de travail. Un ancien sportif a moins d'excuses, car on lui a donné toutes les clés pour s'entretenir.

« Mon » Pays basque

La fin de mon bail à Munich, au printemps 2006, n'a pas seulement marqué la fin de ma carrière. Elle a aussi mis un terme à un manque. Il m'a alors semblé nécessaire de privilégier un cadre de vie familial, stable, tranquille. Je venais de passer dix années à l'étranger, ce qui n'est pas toujours facile, notamment pour son entourage. Le Pays basque s'est imposé à moi comme une évidence. Je connais l'aéroport de Biarritz par cœur. Quand je rentre à la maison, l'atterrissage me permet de deviner les conditions climatiques. Il doit être effectué vent de face. Quand le commandant de bord annonce une arrivée par la mer, synonyme de vent de terre, je suis content. Je sais alors que je vais bénéficier d'excellentes conditions de surf. Le vent de terre lisse la mer. En revanche, quand nous arrivons par la terre, c'est que le vent d'ouest souffle. Dans l'avion, j'occupe toujours la même place : rang 3A, côté gauche. Je me sens bancal sur la droite. C'était déjà le cas sur le terrain. J'avais besoin d'avoir la ligne de touche à ma gauche. Avec les hublots, c'est pareil. À bord, il m'arrive souvent de croiser d'autres sportifs locaux, comme les rugbymen Serge Blanco, Dimitri Yachvili, Jérôme Thion ou

Imanol Harinordoquy. Nos vies se ressemblent pour une raison assez simple : ceux qui ont l'amour du Pays basque s'y installent forcément à l'année.

Franchement, résumer le Pays basque à ses magnifiques plages deux mois l'été, c'est très réducteur… Le Pays basque, c'est aussi l'intérieur des terres plus rurales, la montagne. Le Pays basque, c'est le soleil, mais aussi la pluie et la tempête. Il paraît que certains touristes se mettent parfois à déprimer, l'été, quand le ciel gronde. Ils auraient dû se renseigner avant de venir… Les locaux et les habitués de la région savent que le vent du sud peut réchauffer l'atmosphère en automne, mais qu'il peut aussi tomber des cordes en juillet. Le Pays basque est insaisissable, jamais comme on l'attend. Au printemps, la végétation retrouve sa vigueur, elle s'est nourrie des pluies abondantes. Les arbres retrouvent leurs feuillages, les fleurs poussent et exhalent de doux parfums qui renvoient à l'enfance. J'aime le mois de juin, il fait déjà chaud et les vacanciers ne sont pas encore arrivés. J'aime aussi le mois de septembre quand le vent du sud souffle. Les couleurs sont plus chaudes, le relief plus contrasté. L'été n'est pas la période la plus agréable : il y a trop de monde sur les plages, sur les routes. Tout est saturé. On se console quand même à coups de barbecue, de plancha, le soir avec les amis, et avec les balades en mer loin de l'agitation. Et puis, il y a la Rhune. Au Pays basque, tout le monde est allé se promener sur les cimes de la Rhune. La pratique du vélo m'a amené à lui faire quelques infidélités, en découvrant ou redécouvrant d'autres montagnes. Quand j'ai les jambes, je gravis le Jaizkibel, le descends pour aller faire les Trois Couronnes, côté espagnol. Mais je termine toujours cette sortie par le tour de la Rhune. Le panorama confine à l'immensité, j'ai pourtant la sensation qu'il m'appartient, puisque je viens d'en faire le tour à vélo, en quatre heures et demie. Gamin, j'ai grandi avec la vue sur les Trois Couronnes. La maison familiale, à Hendaye, était située juste en face. De la plage, je voyais aussi le Jaizkibel se jeter dans l'océan. Désormais, c'est la Rhune qui attire mon regard.

Loin du Pays basque, je me sens dans mon élément à proximité de la mer et de la montagne. On ne se refait pas. Chez moi, je suis néanmoins davantage attiré par l'eau. Chez les Lizarazu, on est sportif de père en fils. Quand mon paternel a décidé d'arrêter le rugby, il s'est mis au surf et fut l'un des premiers à affronter les vagues d'Hendaye dans les années 70. Il nous a transmis le virus, à mon frère et à moi. Mon frère s'est révélé dans le surf en devenant champion d'Europe junior, puis vice-champion du monde de stand up paddle. Depuis de nombreuses années, c'est aussi l'un des meilleurs spécialistes de surf de grosses vagues. Il a notamment été le premier à découvrir et surfer Belharra, l'une des plus grosses vagues du monde au large de Socoa. Mais mon père ne s'est pas contenté de nous transmettre le virus du surf, puisqu'il s'est également pris de passion pour la plongée. Les premiers souvenirs de plongée me ramènent à la baie des Cochons, côté espagnol. Mon père m'a initié à la vie sous-marine. Équipés de bouteilles, nous descendions à cinq mètres. C'est à Hendaye que j'ai vécu mes premières sensations de surfeur. Une session de deux heures de surf ou de plongée et je rentre à la maison avec la sensation d'avoir été nettoyé jusqu'au plus profond de mes pores par l'eau salée.

C'est très apaisant. J'ai tout appris à Hendaye : le surf, la plongée et la voile au club nautique. Mes parents nous ont transmis l'amour du Pays basque, du sport et de la mer. Je fais en sorte d'en faire de même avec mon fils et ma fille. Dans le cadre d'un documentaire, *Frères de sport*, consacré à mon ami corse Frank Bruno, il m'a semblé important, pour expliquer mon rapport à la mer, de plonger avec mon père et mon fils en Corse. J'ai aussi emmené mon fils en Polynésie. J'ai promis le même voyage à ma fille. Elle adore l'eau. Je sais qu'elle aimera autant la Polynésie que moi.

Je ne cherche pas à revendiquer mon identité basque. Je n'en ai pas besoin, elle est dans mon sang, elle est là comme une évidence, naturelle. Mais je sais que je suis devenu pour beaucoup, en France ou à l'étranger, un des ambassadeurs du Pays basque. C'est une responsabilité. Je le fais avec plaisir. Je ne suis obligé à rien. Mais c'est moi qui fixe les règles et les limites. Parfois, je me dis qu'il faut calmer le jeu, ne plus trop faire de publicité. Le Pays basque connaît un succès croissant qui ne se dément pas. Il est devenu plus tendance que jamais, mais doit conserver son équilibre, entre son attractivité touristique et la préservation de ses racines, de ses valeurs. J'espère que cette terre ne ressemblera jamais à certains spots de la Côte d'Azur, où l'exubérance et le clinquant sont érigés en valeur absolue… La culture du Sud-Ouest est plus simple. C'est une bonne côte de bœuf et un bon petit vin, pas quinze bouteilles de champagne sabrées avec des filles en bikini sur la plage.

La défense d'une identité n'est pas incompatible avec l'ouverture à d'autres cultures, à d'autres territoires. Au contraire même, elle la favorise. Je n'ai pas envie que chaque coin de notre planète se ressemble. C'est pourtant un danger qui nous guette. Ma vie de consultant m'a conduit dans toutes les plus grandes métropoles. Mon constat est le suivant : partout, on retrouve déjà les mêmes enseignes pour se vêtir ou se restaurer. L'attrait du voyage, c'est la quête de la différence chez l'autre. J'aime me parer des couleurs locales, en Polynésie, au Brésil, en Islande ou en Corse. Chaque passage à Paris est une claque pour moi. Son patrimoine architectural hors normes rend la capitale française unique. Il a été préservé de façon incroyable. Pourquoi chaque ville, chaque région, chaque pays n'en ferait pas autant ? La France, dans tous ses recoins, doit préserver son art de vivre, son style, ses valeurs. À l'heure où j'écris ses lignes, c'est l'été indien au Pays basque. Entre mes voyages pour le Bayern Munich et les déplacements pour suivre l'équipe de France, voici trois semaines que je n'ai pas pu poser mes valises plus de deux jours au Pays basque. J'en souffre. Je n'ai jamais si bien compris mes coéquipiers brésiliens que lorsqu'ils évoquaient la *saudade*, cette mélancolie, cette nostalgie du manque de chez eux. Je l'ai moi-même ressentie tout au long de ma carrière. Oui, le Pays basque m'a souvent manqué, sauf peut-être à Bordeaux où j'avais pu me recréer un équilibre entre l'océan et la nature, la culture locale et des amis avec qui j'ai passé du bon temps.

Au Pays basque, le sport fait partie de la culture locale, particulièrement le rugby. Mon père et mon frère Peyo l'ont pratiqué. Pas moi, je suis un dissident… C'est extraordinaire et presque une anomalie que Didier Deschamps et moi soyons devenus champions du monde de football en grandissant sur une terre de rugby qui se chamaille encore entre les supporters de l'Aviron bayonnais et ceux du Biarritz olympique. Le Pays basque est une terre de rugby, mais les gamins adorent le foot. On avait pu le constater lors du premier stage de l'équipe de France avant l'Euro où les entraînements en public à Biarritz se déroulaient devant des tribunes combles et joyeuses. Quand je vais chercher ma fille à l'école, c'est au foot que les enfants jouent dans la cour. Question sport, on a toujours touché à tout dans ma famille : foot, rugby, tennis, pelote basque, surf ou ski l'hiver dans les Pyrénées voisines. Je me souviens qu'un jour mon père avait décidé d'aménager sa camionnette avec des matelas pour nous emmener dans les Alpes. Au réveil, au bout d'une nuit de route, nous étions à quelques encablures du mont Blanc. Ces souvenirs sont fantastiques, comme ma première planche de surf offerte par mon père. Il m'avait dit qu'elle venait d'Hawaï. J'ai appris plus tard qu'elle venait d'Hendaye. Ce sont toutes ces expériences qui expliquent pourquoi, aujourd'hui encore, je suis resté accroc au sport. Je suis un touche-à-tout. Je suis un épicurien et au Pays basque, j'assouvis peut-être plus qu'ailleurs les plaisirs de la vie. J'y ai trouvé un équilibre entre mes occupations professionnelles et mon accomplissement familial et personnel. C'est mon refuge. Je vis très simplement, de façon assez discrète. Je pars en montagne, en mer, je retrouve des copains, la maison familiale. J'ai mes petits repères, mon boulanger, mon boucher, mon poissonnier. J'ai la sensation que le Pays basque a su davantage préserver ses valeurs que d'autres régions françaises, que ses habitants sont fiers de leur patrimoine culturel, gastronomique, architectural, naturel, et ont envie de le faire perdurer en le transmettant aux jeunes générations. La mer fait partie de mon package basque. Mon esprit de compétiteur s'exprimait déjà pleinement au Club Mickey. Que ce soit pour une course en sac ou un concours de châteaux de sable, la défaite m'était insupportable. Si je ne finissais pas premier, j'en chialais. Si je remportais un concours de saut en longueur, ça me faisait la soirée. Je me souviens d'un match de tennis contre un adulte qui avait passé la partie à me faire des « ronds » pour me déstabiliser. À chaque échange, il envoyait la balle en cloche. Il a réussi son coup et j'ai perdu. J'étais tellement énervé qu'à la fin je lui ai balancé ma raquette... Très jeune, je ne supportais pas la défaite. Je suis même obligé d'avouer que j'étais un mauvais perdant... Mais, à mes yeux, ça n'a jamais été un défaut. Par contre, c'est une rage intérieure qu'il m'a fallu apprendre à dresser avec le temps. Je l'ai apprivoisée.

Pauvre planète

Un amoureux de la nature est forcément amené à se poser des questions sur l'avenir de la planète. Et de se rendre à l'évidence : nous sommes en train de saccager notre patrimoine naturel, c'est ce que nous avons de plus précieux, nous n'en avons pas d'autre. On produit de façon illimitée, alors que nous vivons dans un espace limité et, plus nous consommons, plus nous fabriquons de déchets et plus nous polluons. La gestion des déchets est un sujet essentiel. C'est une simple question de bon sens. Nous massacrons nos forêts, nous polluons nos océans, alors qu'ils ont un impact direct sur la qualité de l'air, sur la régulation du climat. Depuis plus de vingt-cinq ans, je m'investis dans la Surfrider Foundation pour la protection des littoraux et des océans. J'ai même créé ma propre fondation : Liza pour une mer en Bleu. Si je m'intéresse plus spécifiquement à la mer, tous les enjeux de la planète me touchent. On ne peut plus fermer les yeux. Le film d'Al Gore sur le réchauffement climatique m'a horrifié. La transition énergétique est devenue vitale. J'ai eu la chance de rester une journée à bord d'*Energie Observer*. Il était en escale au Pays basque, en septembre 2017. *Energy Observer* est un projet de navire expérimental et d'expédition qui a pour ambition de trouver des solutions concrètes et innovantes en faveur de la transition énergétique. C'est la *Calypso* des temps modernes, compte tenu de la volonté d'utiliser le bateau comme une plateforme de contenus audiovisuels autour de l'écologie. Cette expédition est menée par Victorien Erussard, coureur au large, et Jérôme Delafosse, scaphandrier professionnel et réalisateur de documentaires. Ils m'ont accueilli chaleureusement à bord. Nous avons navigué du port de Bayonne à la baie de Saint-Jean-de-Luz. Sans un bruit de moteur. Ce fut une expérience incroyable. Ce bateau fonctionne en effet uniquement grâce aux énergies éolienne, solaire et à l'hydrogène. Faire le tour du monde sans une goutte de pétrole est épatant et porteur d'espoir. Je soutiens bien volontiers ce projet ambitieux comme tout ce qui peut favoriser la transition énergétique. Il n'en est encore qu'au stade de l'expérimentation, mais, d'ores et déjà, privilégier la mixité énergétique plutôt que le pétrole est une priorité qui devrait s'imposer à tous dans le domaine du transport. Pourquoi ne pas imaginer qu'à terme des cargos utilisent cette technologie pour transporter des marchandises à travers le monde ? Pourquoi ne pas croire qu'un jour tous les avions pourront se déplacer grâce au soleil, sans polluer l'atmosphère ? À bord de Solar Impulse, l'avion solaire qu'il avait imaginé en 1999, le Suisse Bertrand Piccard a effectué un tour du monde en 2016.

Vous allez peut-être penser que je dis ce qu'il faut faire, mais que je ne fais pas ce que je dis. Bien entendu, en cherchant bien, nous allons trouver. Je ne suis pas parfait dans mon impact sur la nature. Comme beaucoup de gens, je dois composer avec les contingences de ma vie professionnelle et personnelle. Je prends régulièrement l'avion pour rejoindre Paris, l'étranger et répondre à mes engagements. Mais l'important, c'est de compenser par son implication et ses actions. J'estime que chacun doit faire des efforts à sa mesure, avec ses moyens. Moins consommer, réduire et trier ses déchets est un enjeu majeur sur lequel, déjà, on peut avoir un impact direct. Une certitude : il va falloir trouver une solution qui relaiera l'utilisation des énergies fossiles. Moins on polluera, moins le climat sera perturbé par l'activité humaine. On ne répétera jamais assez que l'augmentation de la température est à l'origine du dérèglement climatique et des grandes catastrophes naturelles. On ne répétera jamais assez que la fonte des neiges provoque la montée des eaux, lesquelles submergent des territoires entiers. Ça ne sert à rien de parler d'érosion du littoral si on ne traite pas en amont des raisons du dérèglement climatique. Comment ne pas s'intéresser à tout cela ? Comment ne pas s'intéresser aussi aux engrais que l'on utilise pour se nourrir et à leur impact sur la santé, sur la nature ? À la protection de l'eau, si fragile et si précieuse pour notre survie ? Évoquer ces sujets cruciaux, ce n'est pas être « écolo ». Je ne suis pas « écolo » comme on dit, je ne suis pas non plus un spécialiste de la cause environnementale, mais j'ai une vraie conscience environnementale. Il faut juste faire preuve d'un peu de bon sens. Je participe à ces combats pour défendre l'intérêt général. Je pense à mes enfants, aux générations futures. Comme n'importe quel père de famille, je suis démuni face à l'immensité du problème. Nos décideurs politiques et économiques doivent prendre leur courage à deux mains et trancher. Fin janvier 2018, je suis parti en Inde pour le compte du Bayern Munich. L'Inde est le deuxième pays le plus peuplé au monde après la Chine. Dans son film, Al Gore montre comment il a réussi à convaincre l'Inde de prendre sa part dans la transition énergétique en abandonnant les usines à charbon pour le solaire. C'est encourageant, mais encore insuffisant. Certains scientifiques se projettent déjà dans une vie extraterrestre au cas où la Terre deviendrait trop polluée, donc inhabitable, au cas où nous serions trop nombreux. Pour moi, c'est un échec de penser ainsi. Ça ne me fait pas rêver. Je suis un terrien, j'aime ma planète. Je n'en ai pas envie d'une autre, ce grand déménagement ne m'attire pas. J'aimerais que nous gérions mieux notre activité, que nous vivions de façon plus responsable avec la nature. Certaines villes sont déjà alimentées par des énergies renouvelables. Ce n'est pas le cas de Paris, tant s'en faut. Paris est une très belle ville et, pourtant, je m'y sens oppressé par le bruit et la pollution. Je le ressens physiquement. Un footing le matin le long de la Seine et je rentre les joues en feu. Nous n'avons pas le choix... Il va bien falloir trouver une solution et commencer par réfléchir à d'autres moyens de transport pour se déplacer dans la capitale, plus propres que les voitures thermiques. Mais n'est-ce pas le sens de l'histoire ? Dans beaucoup d'autres grandes métropoles, la voiture est peu à peu exclue au profit des transports en commun, on développe les espaces verts dans lesquels les citadins prennent plaisir à se promener. C'est absurde de regrouper des habitants dans des villes de plus en plus grandes pour qu'ils meurent de l'air pollué qu'ils respirent. Il faut redonner de l'air aux villes, elles ont, à l'évidence, besoin de respirer. Le changement des habitudes pose toujours beaucoup de problèmes sur le moment. Et puis, on s'y habitue avant d'y trouver des bénéfices indéniables. Bordeaux s'est réapproprié sa rivière. C'est devenu un lieu de balade apprécié. Les Munichois se déplacent à vélo avec bonheur sur les rives de l'Isar. Les voitures dans Paris, c'est comme la clope au restaurant. On critiquait la contrainte, l'atteinte à la liberté quand la mesure antitabac a été prise et, aujourd'hui, on ne peut plus s'en passer. J'ai dû me rendre dernièrement en Bulgarie. À la table d'à côté, nos voisins fumaient, comme le permettent les lois en vigueur dans ce pays. C'était insupportable. Mes collègues de TF1 ont convenu, et moi avec, que l'interdiction de fumer dans les lieux publics en France était une bénédiction. Ma place n'est cependant pas en ville. Elle est à la campagne, en mer ou en montagne. Sans être pour autant un aventurier ou un baroudeur. Il n'y a pas besoin d'avoir traversé l'Atlantique ou d'être alpiniste pour être en harmonie avec la nature. J'ai toujours aimé la sensation du vent, la neige qui tombe en montagne, le sel qui nettoie la peau en mer. J'aime la tempête. Elle m'a souvent attiré. Avec mon ami Damien Dumas, je partage la grande majorité de mes aventures sportives à ski, à vélo ou autres. Ce jour-là, c'était de la voile. Nous devions avoir une vingtaine d'années, nous naviguions sur un petit catamaran, un Hobie Cat 16, quand le brouillarta s'est invité à notre sortie voile. Le brouillarta est un phénomène climatique assez violent au Pays basque. Il apparaît quand il fait chaud l'été et qu'il n'y a pas un souffle de vent. C'est une entrée maritime violente. Des nuages semblent accrochés sur le Jaizkibel, la montagne qui domine la baie d'Hendaye. Tout d'un coup, un vent puissant fond comme une avalanche sur la plage d'Hendaye puis remonte sur toute la côte basque. Il emporte tout sur son passage. J'étais fasciné bien qu'un peu inconscient. Il a fallu l'intervention de la gendarmerie maritime pour venir calmer nos ardeurs.

Polynésie, mon amour

Vous imaginez le cliché des vacanciers qui se rendent en Polynésie pour se prélasser sur une plage de sable fin, à l'ombre d'un cocotier ? En ce qui me concerne, ce n'est pas du tout de cette façon que je vis ma passion pour ce fantastique et immense territoire, aussi grand que l'Europe. Je n'en ai pas encore fait le tour et je ne m'en lasserai jamais. Comme chez moi, au Pays basque, la Polynésie est une confrontation de tous les éléments pour mon plus grand bonheur. Ça peut être la mer et la montagne dans certaines îles comme Tahiti ou Moorea. Ça peut être le vent, la lumière, les couleurs dans les atolls comme dans les Tuamotu.

C'est avec Peyo, mon frère, que j'ai fait mon premier voyage en Polynésie en 2007. Il connaissait déjà. Il en était revenu conquis par la beauté de l'océan Pacifique et les possibilités offertes aux surfeurs et aux amoureux de la mer. Il m'avait dit que je ne pouvais pas ne pas m'y rendre. Il avait vu juste. J'y suis retourné en juillet 2008, au détour d'une tournée en Nouvelle-Calédonie avec France 98 pour fêter le jubilé de notre ami Christian Karembeu. Mon premier souvenir, c'est la couleur du lagon. On oscille dans une variété de bleus et de verts,

La lumière est exceptionnelle, surtout quand l'humidité de l'hiver polynésien la sublime. Il faut avoir vu le soleil teinter les montagnes de Teahupoo, depuis la mer. Le spectacle est grandiose. On est loin du cliché de la vahiné, du sable fin et des palmiers.

J'ai compris que ce n'est pas en fréquentant les palaces que l'on découvrait un pays. Rien ne ressemble plus au grand hôtel d'une ville que le grand hôtel d'une autre ville. J'ai la chance de connaître les locaux. En Polynésie, je compte deux supercopains : Raimana Van Bastolaer et Teva Zaveroni. Quand je suis là-bas, je vis chez eux, je suis avec eux, je partage et m'émerveille de leur quotidien. Coucher à 9 heures le soir, lever à 4 ou 5 heures du matin pour profiter de la mer. Leurs amis pêcheurs leur apportent des poissons d'une fraîcheur exceptionnelle. Les Polynésiens vivent avec ce que la nature leur offre. Tous savent pêcher, se nourrir de l'océan. Pour eux, l'océan est sacré. Il le respecte et le protège.

Raimana Van Bastolaer est le roi de Teahupoo, vague mythique pour tous les surfeurs. C'est le tube le plus gros du monde. Là, à la pointe de Tahiti, aux abords du récif, il surfe cette vague, sans doute l'une des plus dangereuses au monde, comme personne. C'est lui qui l'a rendue célèbre, notamment dans certaines superproductions hollywoodiennes. J'ai la chance de surfer avec lui et ses potes quand je me rends sur place. Tous les plus grands surfeurs comme Kelly Slater, Laird Hamilton ont eu recours à ses services. La première fois que j'ai surfé à Teahupoo, il y avait des vagues parfaites de deux à trois mètres. À cette taille, ça commence à être impressionnant. La vague devient creuse, tubulaire, mutante. Chaque chute peut entraîner une rencontre violente avec le récif tranchant. Je savais que j'étais à la limite de mes possibilités. Raimana m'a conseillé, m'a placé pour éviter les pièges. À la fin de la journée, j'étais vidé mais tellement fier d'avoir pu surfer cette vague mythique, aussi belle que dangereuse.

Teva, mon autre ami tahitien, est aussi bon au foot qu'en surf. Il est entraîneur-joueur de l'équipe de beach soccer de Tahiti, vice-championne du monde au printemps 2017. À Tahiti, quand je ne suis pas avec l'un, je suis avec l'autre.

Avec eux, j'ai eu le privilège de découvrir d'autres recoins de Polynésie, comme Moorea, Uhaine, Taha et Raiatea. J'ai également découvert les îles Tuamotu, Tikeau et l'atoll de Rangiroa, le temple de la plongée sous-marine. Cela m'a donné envie de revenir en 2015 pour mon documentaire *Frères de sport* consacré à la plongée et j'ai montré cet atoll sublime à mon ami plongeur scaphandrier, Frank Bruno. Plonger à 50 mètres de profondeur dans la fameuse passe de Tiputa, entouré de plus de 300 requins gris, a été un vrai moment de grâce, comme seule la nature peut en donner. Partager ce moment avec mon ami corse a été une expérience extraordinaire et a ajouté un lien de plus à notre belle amitié. En Polynésie, le rapport à la mer a quelque chose de mystique. L'être humain cohabite harmonieusement avec les requins, les dauphins, les raies manta et les baleines. En une plongée, on peut être confronté à toutes ces espèces. C'est extrêmement rare. Les fonds sous-marins polynésiens foisonnent de vie quand, dans d'autres endroits de la planète, la pêche industrielle a tout saccagé.

À part à Papeete, qui connaît quelques petits problèmes de pollution, l'écosystème est préservé. L'eau est d'une incroyable clarté. On navigue à bord d'un voilier d'un atoll à l'autre. La culture polynésienne est partout, jusque dans le sport. Tout le territoire se passionne par exemple pour les courses de pirogues, sport national. L'Hawaiki nui va'a est le rendez-vous attendu de tous les Polynésiens. Gagner cette compétition, c'est comme gagner la Coupe du monde. Tous les Polynésiens savent naviguer en pirogue.

J'ai dû me rendre une dizaine de fois en Polynésie. Tous mes voyages diffèrent les uns des autres. Mon fils m'a déjà accompagné à deux reprises. Lui aussi est tombé sous le charme. Bientôt, j'y emmènerai Claire et notre fille Uhaina. Uhaina est un prénom basque qui veut dire la vague. Ça sonne comme un prénom tahitien… Et comme je dis à ma fille qu'elle ressemble à Vaiana, ne pas faire ce voyage va finir pas devenir un problème. J'ai envie de lui transmettre ma passion pour ce peuple, pour son rapport quasi mystique à l'océan. La Polynésie, c'est un coup de foudre, une histoire d'amour dans ma vie. C'est beau vu du ciel, c'est beau vu de la terre, c'est beau sous l'eau. Quand on aime la mer, pas de doute : la Polynésie est le plus bel endroit du monde.

Épilogue

Au risque de passer pour un idéaliste, la réussite dans le sport ne se mesure pas en euros. La série *Frères de sport* m'a permis d'aller à la rencontre de sportifs tout aussi méritants que les meilleurs joueurs de foot : Raimana Van Bastolaer, le surfeur de grosses vagues, Hinatea, la championne du monde de pirogue, Aurélien Ducroz, le champion du monde de ski freeride, Frank Bruno, l'aventurier et plongeur sous-marin, Yannick Beven ou Ricardo De La Riva, les maîtres de jiu-jitsu brésilien. C'est le cas aussi dans les disciplines olympiques. Atteindre le sommet nécessite des efforts tout aussi intenses que ceux que j'ai été amené à fournir dans le foot. À ce propos, j'ai beaucoup d'admiration pour le bi-athlète français Martin Fourcade. C'est un sport très exigeant. Son palmarès extraordinaire, sa personnalité et son exemplarité font de lui l'un des athlètes français les plus respectables. Au regard de son investissement de tous les instants, la prime promise en cas de médaille peut paraître bien modeste. Elle est liée à la popularité du sport, plus qu'à sa difficulté. Ce n'est pas parce que les revenus liés à l'exposition médiatique ou à l'attrait des sponsors sont plus faibles que leur mérite doit être diminué. Au contraire.

Quand un footballeur quitte les terrains, il dispose, en théorie, de quoi voir venir et construire sa deuxième vie, pour peu qu'il ait été un minimum clairvoyant et prévoyant. La mode, à une époque, était d'investir dans un bar ou un restaurant. Les investissements sont différents désormais. Le placement dans l'immobilier a la cote. Pour un perchiste, un gymnaste ou un tireur à l'arc, cette perspective est beaucoup plus réduite. Ceux-là devraient bénéficier, au cours de leur carrière, d'un projet de reconversion solide. Quand leur carrière s'arrête, ils se retrouvent confrontés au vide sans qu'aucune main ne se tende pour les aider. On ne peut pas leur demander de s'entraîner comme des dingues pendant quinze ans pour tenter de faire la fierté de leur pays en allant décrocher des médailles et ne pas leur proposer un après-carrière décent pour services rendus à la nation. Pour mener ce chantier à bien, il faudrait organiser des temps de formation et inciter le microcosme de leur discipline, leur fédération, les sponsors, à leur ouvrir les portes. C'est le cas déjà dans beaucoup de sports, mais il y a encore un long chemin à parcourir.

Cette démarche serait bien plus constructive que de chercher à opposer ces sportifs méritants, mais moins connus, aux footballeurs, sous prétexte que les efforts qu'ils consentent ne sont pas aussi bien rémunérés. C'est indéniable, le décalage entre les revenus des premiers et des seconds est énorme, totalement injuste sportivement parlant. Mais il correspond à la loi du marché, à un environnement économique différent.

Néanmoins, quand j'entends certaines critiques, certaines caricatures, certains raccourcis, je me dis parfois que le football a bon dos. C'est vrai, il faut admettre que les footballeurs y ont mis du leur pour entretenir cette image de diva qu'on leur a toujours collée. Franchement, il ne faut pas être bien malin pour poster sur les réseaux sociaux des photos de vacances dans des avions privés, des yachts où le luxe s'étale partout. Une fois ce constat dressé, cette autocritique admise, on doit aussi se demander si le football est coupable ou victime ? Le rugby, je l'ai expliqué au début de cet ouvrage, commence à emprunter la même direction. Il ne s'agit donc pas de la forme du ballon, mais ce sont bien le professionnalisme et les aspects financiers qui engendrent ces dérives.

Argent, pouvoir et notoriété forment un cocktail aussi enivrant qu'explosif, auquel il est compliqué de résister. Les footballeurs ne sont pas les seuls à devoir y faire face. L'univers du cinéma, celui de la mode, du mannequinat, de la télévision, du business sont également impactés. Si la stigmatisation vise en priorité les footballeurs, c'est parce que les changements brutaux de situation sociale interpellent. Une vie ne suffit pas toujours pour passer de rien à tout. Certains joueurs parcourent ce long chemin à la vitesse de l'éclair. Ousmane Dembélé a été transféré de Dortmund au FC Barcelone pour plus de 100 millions d'euros. Un an et demi plus tôt, il prenait encore ses repas à la cantine du centre de formation de Rennes. Pas évident à digérer pour le joueur, encore moins pour l'entourage. Du jour au lendemain, l'argent afflue, les sollicitations aussi. Bref, tout change et il faudrait que le joueur starifié, lui, ne change pas !

D'ailleurs est-ce lui qui change ou le regard que l'on porte sur lui ? Le passage de l'anonymat à la célébrité génère son lot d'incompréhensions. La réussite entraîne le fantasme, la jalousie, la médisance. La star est trop parfaite ? Trouvons-lui des défauts. Faisons croire qu'elle a changé, qu'elle a pris le « melon », qu'elle n'est pas si sympa qu'on veut bien le dire. Toutes les personnalités ont été confrontées à ces vents contraires. Parfois à raison, mais aussi très souvent à tort.

Je n'ai jamais couru après la notoriété. Sinon, je vivrais à l'année à Paris et je passerais mes journées sur les plateaux TV. La médiatisation est simplement une facette indissociable de mes activités d'hier et d'aujourd'hui. J'ai préféré composer avec plutôt que de la subir.

A-t-on le droit, quand on est reconnu, d'éprouver l'envie ou le besoin de jouir de la même tranquillité que tout un chacun ? La réponse est oui. J'ai toujours fait en sorte d'être disponible, mais je ne peux pas répondre à toutes les sollicitations dont je suis l'objet. Elles s'adressent d'abord au joueur que j'ai été. En fait, c'est une affaire de dosage. Il faut savoir consacrer du temps à ceux qui vous apprécient. Il faut jouer le jeu des photos, des autographes tout en se préservant un espace de liberté pour la famille et les proches. C'est gratifiant : rien ne me fait plus plaisir qu'un « Merci, champion ». Si je ne devais laisser qu'une trace, c'est celle de mes crampons, du footballeur et du sportif en général, quand bien même j'ai d'autres passions, d'autres centres d'intérêt. En attendant, oui, ces « Merci, champion » me touchent énormément et j'espère les entendre encore longtemps.

Voir le temps qui passe ne me plaît guère, me stresse parfois. Parce que j'aime trop la vie et parce que j'aime être en forme pour l'affronter. C'est sans doute ce qui explique que plus je vieillis et moins j'ai envie de perdre du temps, de faire des compromis, de composer avec des gens désagréables ou tordus. J'ai toujours su aller vers ce qui me rendait heureux, ce qui me faisait du bien, ce qui m'a obligé parfois à prendre des décisions radicales quand je ne trouvais pas mon équilibre. Dans la vie, tout ne peut pas être simple, écrit d'avance, évident, bien entendu. Il faut faire des erreurs pour apprendre, il faut payer pour comprendre.

J'ai aussi conscience de la fragilité de la vie, de son côté brutal et injuste parfois, comme si vivre ou mourir, c'était allumer ou éteindre un interrupteur électrique. J'en ai malheureusement fait l'amère expérience avec la disparition de mon ami Pierre Agnès, disparu en mer le 30 janvier 2018. Je connaissais Pierre depuis plus de trente ans. C'était le patron de la marque de surf Quiksilver dont je suis l'un des ambassadeurs depuis très longtemps. C'était un fantastique patron, un commandant de bord visionnaire. C'était un guide indispensable, le mentor qu'on écoute, un grand frère pour beaucoup dans la famille du surf et dans le Sud-Ouest. C'était aussi le père de trois enfants, un mari… C'était pour moi un ami fidèle, qui me donnait des conseils toujours avisés. Il a été emporté un matin, désorienté dans le brouillard, son bateau probablement avalé par une vague alors qu'il était simplement en train de pêcher, comme il l'a fait des centaines de fois. Il a été pris par cet océan qu'il aimait tant et que nous aimons tant.

Je repense parfois au portail vert de l'atelier de mon père que je martyrisais gamin avec mon ballon. C'est là que le foot a vraiment commencé pour moi. Mes parents m'ont suivi partout où je suis allé. À la pelote basque, au tennis, au foot, au ski, à la plongée, à Bordeaux, à Munich, avec l'équipe de France. Ils m'ont toujours soutenu, ils m'ont permis de m'épanouir dans le sport et ont joué un rôle essentiel avec mon fils quand j'étais footballeur professionnel à Munich et encore aujourd'hui avec notre fille, quand Claire et moi devons répondre à nos engagements professionnels à Paris ou ailleurs.

J'éprouve un immense respect pour le métier de menuisier de mon père, de mes grands-pères, pour les artisans qui ont en eux l'amour du travail bien fait. Mon père m'avait préparé à sa succession. C'est parce que toutes les machines de son atelier étaient destinées à des droitiers que je suis un gaucher contrarié. À la pelote basque, j'utilise la main gauche, au foot, le pied gauche, mais j'écris de la main droite. J'ai planté des milliers de clous dans l'atelier familial, mais c'est dans le sport que j'avais envie de faire ma trace, et nulle part ailleurs. J'ai néanmoins hérité de principes qui ont régi ma vie professionnelle. Mettre un point d'honneur à bien faire mon travail et tenir mes engagements, par exemple.

Comme beaucoup de Basques, nous sommes assez pudiques dans la famille. Avec mes parents, nous exprimons rarement nos sentiments, nos émotions. Tout est assez contenu. Il ne nous est pas souvent arrivé de nous dire « je t'aime », mais je n'ai jamais ressenti le moindre manque. L'amour s'exprime dans nos actes, dans l'entraide, dans tous ce que nous faisons ensemble, ou les uns pour les autres. Je n'ai pas reproduit le même schéma avec mes enfants. Je suis plus expressif, je pense. Je leur dis « je t'aime ». Avec le recul, je me suis rendu compte que la fin de ma carrière avait correspondu à la sortie d'un long tunnel. Prisonnier d'œillères, rivé sur l'objectif sportif souvent égoïste, mon regard s'est élargi. Je parle plus, je m'ouvre plus. Avec Claire, aussi. J'ai passé des années à contrôler mes émotions dans le monde parfois impitoyable du foot de haut niveau, au point de les avoir bloquées. Claire m'a appris à parler, à montrer mes sentiments, à me libérer de ce poids. Elle exprime tout, c'est une rivière d'émotions. Je repense à notre première rencontre. C'est moi l'adolescent timide, qui suis allé la chercher. C'est la seule fille à qui j'ai osé dire : « Bonjour, Claire, c'est vous que je veux. » Sans succès dans un premier temps. Mais je n'ai pas abandonné. Il m'a fallu quelques mois pour la séduire, pour la convaincre… Elle est ma femme, mon équipière, ma confidente. Elle est douce et forte à la fois. Notre fille Uhaina est un joli mélange de nous deux, un petit volcan d'énergie. Elle va bientôt avoir 10 ans, déjà. C'est notre trésor.

Note de l'auteur

Ces liens renvoient à des vidéos que j'ai filmées. Je vous invite à me suivre en mer, en montagne, au pays basque, au ski, au jiu-jitsu, à vélo, en bateau.

Les montagnes en arrière-plan, l'océan Atlantique et le fort de Socoa.

En Inde avec le Bayern Munich en février 2018

Aux États-Unis, le soccer se conjugue au féminin, comme j'ai pu le constater à New York en avril 2017.

Plus qu'un art martial, le jiu-jitsu est aussi une école de la vie.

Avec Grégoire Margotton, mon complice à TF1.

Cette pente dans les Pyrénées a pour nom le couloir des poubelles. Raide.

Joindre l'agréable à l'utile à bord d'*Energy Observer*, dans la baie de Saint-Jean-de-Luz.

Les somptueuses falaises de Bidart vues de l'océan.

La sauterelle, le crocodile et le léopard…

Le tour de l'arbre.

L'Atlantique est resté un de mes terrains de jeu favori.

Ascension du col de Grand Pré en rando à Val d'Isère.

Les cols du Pays Basque à vélo l'été, les amis et la poésie.

Après l'effort, le yoga.

Toutes ces vidéos sont regroupées dans une Playlist, sur notre chaîne Youtube « Éditions du Seuil », intitulée : Mes Prolongations – Bixente Lizarazu.

Table

RÉALISATION : NORD COMPO À VILLENEUVE-D'ASCQ
IMPRESSION : CPI FRANCE
DÉPÔT LÉGAL : AVRIL 2019. N° 140881 (3032711)
IMPRIMÉ EN FRANCE

Éditions Points

Le catalogue complet de nos collections est sur Le Cercle Points, ainsi que des interviews de vos auteurs préférés, des jeux-concours, des conseils de lecture, des extraits en avant-première…

www.lecerclepoints.com

DERNIERS TITRES PARUS

P4676. La Dernière Leçon *et* Suite à La Dernière Leçon
Noëlle Châtelet
P4677. Je reviens ! Vous êtes devenus (trop) cons, *Jean Yanne*
P4678. Le Coiffeur de Marie-Antoinette. Et autres oubliés de l'Histoire, *Frédéric Richaud*
P4679. Les Égarements de Mademoiselle Baxter
Eduardo Mendoza
P4680. #Scoop, *Yann Le Poulichet*
P4681. "J'adore la mode mais c'est tout ce que je déteste"
Loïc Prigent
P4682. Le Tunnel aux pigeons, *John le Carré*
P4683. Les Pêchers, *Claire Castillon*
P4684. Ni le feu ni la foudre, *Julien Suaudeau*
P4685. À la fin le silence, *Laurence Tardieu*
P4686. Habiter la France, *Raymond Depardon*
P4687. La Beauté du geste, *Philippe Delerm*
P4688. Le Jeu des hirondelles. Mourir partir revenir
Zeina Abirached
P4689. Patrice Franceschi et « La Boudeuse ». 15 ans d'aventure autour du monde, *Valérie Labadie*
P4690. Trois ans sur la dunette. À bord du trois-mâts « La Boudeuse » autour du monde, *Patrice Franceschi*
P4691. Au secours ! Les mots m'ont mangé, *Bernard Pivot*
P4692. Le Nuage d'obsidienne, *Eric McCormack*
P4693. Le Clan des chiqueurs de paille, *Mo Yan*
P4694. Dahlia noir & Rose blanche, *Joyce Carol Oates*
P4695. On n'empêche pas un petit cœur d'aimer
Claire Castillon
P4696. Le Metteur en scène polonais, *Antoine Mouton*
P4697. Le Voile noir *suivi de* Je vous écris, *Anny Duperey*
P4698. Une forêt obscure, *Fabio M. Mitchelli*
P4699. Heureux comme un chat. Ma méthode pour changer de vie, *Docteur Dominique Patoune*

P4700. Soyez imprudents les enfants, *Véronique Ovaldé*
P4701. Cartel, *Don Winslow*
P4702. L'Amérique défaite. Portraits intimes d'une nation en crise, *George Packer*
P4703. Le Pouvoir de l'espoir, *Barack et Michelle Obama*
P4704. La Voix cachée, *Parinoush Saniee*
P4705. Celui qui est digne d'être aimé, *Abdellah Taïa*
P4706. Six degrés de liberté, *Nicolas Dickner*
P4707. La Ville des tempêtes, *Jean Contrucci*
P4708. Les Revenants, *David Thomson*
P4709. Ce que tient ta main droite t'appartient *Pascal Manoukian*
P4710. Fraternels, *Vincent Borel*
P4711. Moonbloom, *Edward Lewis Wallant*
P4712. Macau, *Antoine Volodine*
P4713. Wonderland, *Jennifer Hillier*
P4714. L'Ambigu Monsieur Macron, *Marc Endeweld*
P4715. Pop Corner. La grande histoire de la pop culture *Hubert Artus*
P4716. Not Dead Yet. L'autobiographie, *Phil Collins*
P4717. Qu'il emporte mon secret, *Sylvie Le Bihan*
P4718. Le Livre de l'homme, *Barry Graham*
P4719. Les Anges sans visage, *Tony Parsons*
P4720. Les Furies, *Lauren Groff*
P4721. Un fils parfait, *Mathieu Menegaux*
P4722. Un dangereux plaisir, *François Vallejo*
P4723. Les Premiers. Une histoire des super-héros français *Xabi Molia*
P4724. Rome brûle, *Carlo Bonini et Giancarlo De Cataldo*
P4725. La Matière de l'absence, *Patrick Chamoiseau*
P4726. Le 36. Histoires de poulets, d'indics et de tueurs en série *Patricia Tourancheau*
P4727. Leur patient préféré. 17 histoires extraordinaires de psychanalystes, *Violaine de Montclos*
P4728. La Chair, *Rosa Montero*
P4729. Apatride, *Shumona Sinha*
P4730. Dans l'ombre, *Arnaldur Indridason*
P4731. 40 jours avec Maurice Zundel et les Pères du désert *Patrice Gourrier, Jérôme Desbouchages*
P4732. Ose la vie nouvelle ! Les chemins de nos Pâques *Simone Pacot*
P4733. La Ligne de fuite, *Robert Stone*
P4734. Poutine de A à Z, *Vladimir Fédorovski*
P4735. Révoltée, *Evguénia Iaroslavskaïa-Markon*
P4736. Eugène Oniéguine. Roman en vers *Alexandre Pouchkine*

P4737. Les mots qui nous manquent
Yolande Zauberman et Paulina Mikol Spiechowicz
P4738. La Longue Marche du juge Ti & Médecine chinoise à l'usage des assassins, *Frédéric Lenormand*
P4739. L'Apprentissage de Duddy Kravitz, *Mordecai Richler*
P4740. J'ai épousé l'aventure, *Osa Johnson*
P4741. Une femme chez les chasseurs de têtes, *Titaÿna*
P4742. Pékin-Pirate, *Xu Zechen*
P4743. Nous dormirons quand nous serons vieux, *Pino Corrias*
P4744. Cour Nord, *Antoine Choplin*
P4745. Petit traité d'éducation lubrique, *Lydie Salvayre*
P4746. Long Island, *Christopher Bollen*
P4747. « Omar m'a tuer » : l'affaire Raddad, 1994. *Suivi de* « Il pleure, il pleure ! » : l'affaire Troppmann, 1869, *Emmanuel Pierrat*
P4748. « J'accuse » : l'affaire Dreyfus, 1894. *Suivi de* « Surtout ne confiez pas les enfants à la préfecture » : l'affaire Papon, 1997, *Emmanuel Pierrat*
P4749. « Juger Mai 68 » : l'affaire Goldman, 1974. *Suivi de* « J'ai choisi la liberté » : l'affaire Kravchenko, 1949 *Emmanuel Pierrat*
P4750. Deux hommes de bien, *Arturo Pérez-Reverte*
P4751. Valet de pique, *Joyce Carol Oates*
P4752. Vie de ma voisine, *Geneviève Brisac*
P4753. Et je prendrai tout ce qu'il y a à prendre, *Céline Lapertot*
P4754. La Désobéissance, *Naomi Alderman*
P4755. Disent-ils, *Rachel Cusk*
P4756. Quand les femmes parlent d'amour. Une anthologie de la poésie féminine, *Françoise Chandernagor*
P4757. Mörk, *Ragnar Jónasson*
P4758. Kabukicho, *Dominique Sylvain*
P4759. L'Affaire Isobel Vine, *Tony Cavanaugh*
P4760. La Daronne, *Hannelore Cayre*
P4761. À vol d'oiseau, *Craig Johnson*
P4762. Abattez les grands arbres, *Christophe Guillaumot*
P4763. Kaboul Express, *Cédric Bannel*
P4764. Piégée, *Lilja Sigurdardóttir*
P4765. Promenades en bord de mer et étonnements heureux
Olivier de Kersauson
P4766. Des erreurs ont été commises, *David Carkeet*
P4767. La Vie sexuelle des sœurs siamoises, *Irvine Welsh*
P4768. Des hommes de peu de foi, *Nickolas Butler*
P4769. Les murs ont la parole
P4770. Avant que les ombres s'effacent
Louis-Philippe Dalembert
P4771. La Maison des brouillards, *Eric Berg*

P4772. La Pension de la via Saffi, *Valerio Varesi*
P4773. La Caisse des dépôts, *Sophie Coignard et Romain Gubert*
P4774. Français, Françaises, Belges, Belges, *Pierre Desproges*
P4775. La fille qui lisait dans le métro, *Christine Féret-Fleury*
P4776. Sept graines de lumière dans le cœur des guerriers *Pierre Pellissier*
P4777. Rire et Guérir, *Christophe André et Muzo*
P4778. L'Effet haïku. Lire et écrire des poèmes courts agrandit notre vie, *Pascale Senk*
P4779. Il n'est jamais trop tard pour le plus grand amour. Petit traité d'espérance, *Michael Lonsdale*
P4780. Le bonheur quoi qu'il arrive. Propos fulgurants d'Armelle Six, *Robert Eymeri*
P4781. Les Sœurs ennemies, *Jonathan Kellerman*
P4782. Des enfants tuent un enfant. L'affaire Bulger *Gitta Sereny*
P4783. La Fin de l'histoire, *Luis Sepúlveda*
P4784. Le Jeu du chat et de la souris, *A Yi*
P4785. L'Âme des horloges, *David Mitchell*
P4786. On se souvient du nom des assassins *Dominique Maisons*
P4787. La Légèreté, *Emmanuelle Richard*
P4788. Les Retrouvailles des compagnons d'armes, *Mo Yan*
P4789. Les Fantômes du 3e étage, *Bernard Thomasson*
P4790. Premières expéditions. Quatre du Congo & Terre farouche *Patrice Franceschi*
P4791. Grandes Traversées. Qui a bu l'eau du Nil & Raid papou *Patrice Franceschi*
P4792. Fils d'homme, *Augusto Roa Bastos*
P4793. La Vie automatique, *Christian Oster*
P4794. Les Guerriers de l'ombre, *Jean-Christophe Notin*
P4795. Comme ses pieds, *Vikash Dhorasoo*
P4796. Fille de l'air, *Fiona Kidman*
P4797. Rebelles, un peu, *Claire Castillon*
P4798. Le jour où je me suis aimé pour de vrai, *Serge Marquis*
P4799. Votre commande a bien été expédiée *Nathalie Peyrebonne*
P4800. Vie et mort de la jeune fille blonde, *Philippe Jaenada*
P4801. Les Pièges de l'exil, *Philip Kerr*
P4802. Breaking News, *Frank Schätzing*
P4803. Les Jours enfuis, *Jay McInerney*
P4804. Scènes de la vie future, *Georges Duhamel*
P4805. Soledad, *María Dueñas*
P4806. Entre eux, *Richard Ford*
P4807. Karst, *David Humbert*
P4808. Mise à jour, *Julien Capron*

P4809. Frères Migrants, *Patrick Chamoiseau*
P4810. Nos ancêtres les Arabes. Ce que le français doit à la langue arabe, *Jean Pruvost*
P4811. Le Testament du Roc, *Denis Marquet*
P4812. Être là, *Véronique Dufief*
P4813. L'Embaumeur, *Isabelle Duquesnoy*
P4814. Jours barbares. Une vie de surf, *William Finnegan*
P4815. Trois saisons d'orage, *Cécile Coulon*
P4816. Songe à la douceur, *Clémentine Beauvais*
P4817. La Femme à droite sur la photo, *Valentin Musso*
P4818. Lucia, Lucia, *Adriana Trigiani*
P4819. Évanouies, *Megan Miranda*
P4820. L'Invité sans visage, *Tana French*
P4821. Âme sœur, *Ivan Jablonka*
P4822. Un funambule sur le sable, *Gilles Marchand*
P4823. Embrouille à Monaco, *Peter Mayle*
P4824. Les Bras cassés, *Yann Le Poulichet*
P4825. Joie, *Clara Magnani*
P4826. Tu verras les âmes se retrouvent toujours quelque part *Sabrina Philippe*
P4827. Le Polar de l'été, *Luc Chomarat*
P4828. Infidèle, *Joyce Carol Oates*
P4829. Si proche, si loin, *Nina George*
P4830. Banditsky ! Chroniques du crime organisé à Saint-Pétersbourg, *Andreï Constantinov*
P4831. Obsessions, *Luana Lewis*
P4832. Japon Express. De Tokyo à Kyoto, *Raymond Depardon*
P4833. Discours à l'Assemblée nationale et à l'Académie française, *Simone Veil, Jean d'Ormesson*
P4834. L'Empereur à pied, *Charif Majdalani*
P4835. Souvenirs de la marée basse, *Chantal Thomas*
P4836. Mon père sur mes épaules, *Metin Arditi*
P4837. Je suis Jeanne Hébuterne, *Olivia Elkaim*
P4838. L'Avancée de la nuit, *Jakuta Alikavazovic*
P4839. La Maison Zen. Leçons d'un moine bouddhiste *Keisuke Matsumoto*
P4840. Petit dictionnaire de la joie. Chanter l'instant *Blanche de Richemont*
P4841. La Première Phrase. 599 incipit ou façons d'ouvrir un livre, *Elsa Delachair*
P4842. Figures stylées. Les figures de style revisitées par les élèves et expliquées par leur prof *Mathilde Levesque*
P4843. Le Corps des ruines, *Juan Gabriel Vásquez*
P4844. Surtout rester éveillé, *Dan Chaon*
P4845. Taba-Taba, *Patrick Deville*

P4846. Par le vent pleuré, *Ron Rash*
P4847. Sciences de la vie, *Joy Sorman*
P4848. L'Étoile jaune de l'inspecteur Sadorski
Romain Slocombe
P4849. Les Papiers d'Aspern, *Henry James*
P4850. Nos richesses, *Kaouther Adimi*
P4851. Si belle, mais si morte, *Rosa Mogliasso*
P4852. Hôtel du Grand Cerf, *Franz Bartelt*
P4853. Danser dans la poussière, *Thomas H. Cook*
P4854. Les Pleureuses, *Katie Kitamura*
P4855. Pacifique, *Tom Drury*
P4856. Sheppard Lee, *Robert Montgomery Bird*
P4857. Me voici, *Jonathan Safran Foer*
P4858. Motel Lorraine, *Brigitte Pilote*
P4859. Missing : New York, *Don Winslow*
P4860. Une prière pour Owen, *John Irving*
P4861. Minuit sur le canal San Boldo, *Donna Leon*
P4862. « Elles sont ma famille. Elles sont mon combat » : l'affaire de Bobigny, 1972, *suivi de* « Vous avez trouvé 11,9 mg d'arsenic » : l'affaire Besnard, 1952, *Emmanuel Pierrat*
P4863. « Vous injuriez une innocente » : l'affaire Grégory, 1993, *suivi de* « Si Violette a menti » : l'affaire Nozière, 1934, *Emmanuel Pierrat*
P4864. « Ils ne savent pas tirer » : l'affaire du Petit-Clamart, 1963, *suivi de* « On aime trop l'argent » : l'affaire Stavisky, 1935, *Emmanuel Pierrat*
P4865. Paul McCartney, *Philip Norman*
P4866. La Musique des mots. Chansons – 1988-2018, *Arthur H*
P4868. Justice soit-elle, *Marie Vindy*
P4869. Sous son toit, *Nicole Neubauer*
P4870. J'irai mourir sur vos terres, *Lori Roy*
P4871. Sur la route 66, *Stéphane Dugast, Christophe Géral*
P4872. La Serpe, *Philippe Jaenada*
P4873. Point cardinal, *Léonor de Récondo*
P4874. Fief, *David Lopez*
P4875. Utopia XXI, *Aymeric Caron*
P4876. Les Passeurs de livres de Daraya. Une bibliothèque secrète en Syrie, *Delphine Minoui*
P4877. Patron du RAID. Face aux attentats terroristes
Jean-Michel Fauvergue, Caroline de Juglart
P4878. Tu le raconteras plus tard, *Jean-Louis Debré*
P4879. Retiens la vie, *Charles Aznavour*
P4880. Tous ces chemins que nous n'avons pas pris
William Boyd
P4881. Vulnérables, *Richard Krawiec*

P4882. La Femme de l'ombre, *Arnaldur Indridason*
P4883. L'Année du lion, *Deon Meyer*
P4884. La Chance du perdant, *Christophe Guillaumot*
P4885. Demain c'est loin, *Jacky Schwartzmann*
P4886. Les Géants, *Benoît Minville*
P4887. L'Homme de Kaboul, *Cédric Bannel*
P4888. J'ai toujours aimé la nuit, *Patrick Chamoiseau*
P4889. Mindhunter. Dans la tête d'un profileur *John Douglas et Mark Olshaker*
P4890. En cœur à cœur avec Dieu. Mes plus belles prières *Guy Gilbert*
P4891. Le Choix du cœur. Enseignements d'une sage d'aujourd'hui, *Mata Amritanandamayi*
P4892. Baïkal-Amour, *Olivier Rolin*
P4893. L'Éducation de Jésus, *J.M. Coetzee*
P4894. Tout homme est une nuit, *Lydie Salvayre*
P4895. Le Triomphe de Thomas Zins, *Matthieu Jung*
P4896. Éléphant, *Martin Suter*
P4897. La Fille tatouée, *Joyce Carol Oates*
P4898. L'Affreuse Embrouille de via Merulana *Carlo Emilio Gadda*
P4899. Le monde est rond, *Gertrude Stein*
P4900. Pourquoi je déteste Noël, *Robert Benchley*
P4901. Le Rêve de ma mère, *Anny Duperey*
P4902. Mes mots sauvages, *Geneviève Brisac*
P4903. La Fille à histoires, *Irène Frain*
P4905. Questions de caractère, *Tom Hanks*
P4906. L'Histoire de mes dents, *Valeria Luiselli*
P4907. Le Dernier des yakuzas, *Jake Adelstein*
P4909. Dylan par Dylan. Interviews 1962-2004 *Bob Dylan*
P4910. L'Échappé belge. Chroniques et brèves *Alex Vizorek*
P4911. La Princesse-Maïs, *Joyce Carol Oates*
P4912. Poèmes choisis, *Renée Vivien*
P4913. D'où vient cette pipelette en bikini qui marivaude dans le jacuzzi avec un gringalet en bermuda? Dico des mots aux origines amusantes, insolites ou méconnues, *Daniel Lacotte*
P4914. La Pensée du jour, *Pierre Desproges*
P4915. En radeau sur l'Orénoque, *Jules Crevaux*
P4904. Leçons de grec, *Han Kang*
P4908. Des jours d'une stupéfiante clarté, *Aharon Appelfeld*
P4916. Celui qui va vers elle ne revient pas, *Shulem Deen*
P4917. Un fantôme américain, *Hannah Nordhaus*
P4918. Les Chemins de la haine, *Eva Dolan*

P4919. Gaspard, entre terre et ciel
Marie-Axelle et Benoît Clermont
P4920. Kintsukuroi. L'art de guérir les blessures émotionnelles
Tomás Navarro
P4921. Le Parfum de l'hellébore, *Cathy Bonidan*
P4922. Bad Feminist, *Roxane Gay*
P4923. Une ville à cœur ouvert, *Żanna Słoniowska*
P4924. La Dent du serpent, *Craig Johnson*
P4925. Quelque part entre le bien et le mal, *Christophe Molmy*
P4926. Quatre lettres d'amour, *Niall Williams*
P4927. Madone, *Bertrand Visage*
P4928. L'étoile du chien qui attend son repas, *Hwang Sok-Yong*
P4929. Minerai noir. Anthologie personnelle et autres recueils
René Depestre
P4930. Les Buveurs de lumière, *Jenni Fagan*
P4931. Nicotine, *Gregor Hens*
P4932. Et vous avez eu beau temps ? La perfidie ordinaire des petites phrases, *Philippe Delerm*
P4933. 10 règles de français pour faire 99 % de fautes en moins
Jean-Joseph Julaud
P4934. Au bonheur des fautes. Confessions d'une dompteuse de mots, *Muriel Gilbert*
P4935. Falaise des fous, *Patrick Grainville*
P4936. Dernières nouvelles du futur, *Patrice Franceschi*
P4937. Nátt, *Ragnar Jónasson*
P4938. Kong, *Michel Le Bris*
P4939. La belle n'a pas sommeil, *Éric Holder*
P4940. Chien blanc et balançoire, *Mo Yan*
P4941. Encore heureux, *Yves Pagès*
P4942. Offshore, *Petros Markaris*
P4943. Le Dernier Hyver, *Fabrice Papillon*
P4944. « Les excuses de l'institution judiciaire » : l'affaire d'Outreau, 2004. *Suivi de* « Je désire la mort » : l'affaire Buffet-Bontems, 1972, *Emmanuel Pierrat*
P4945. « On veut ma tête, j'aimerais en avoir plusieurs à vous offrir » : l'affaire Landru, 1921. *Suivi de* « Nous voulons des preuves » : l'affaire Dominici, 1954, *Emmanuel Pierrat*
P4946. « Totalement amoral » : l'affaire du Dr Petiot, 1946. *Suivi de* « Vive la France, quand même ! » : l'affaire Brasillach, 1946, *Emmanuel Pierrat*
P4947. Grégory. Le récit complet de l'affaire
Patricia Tourancheau
P4948. Génération(s) éperdue(s), *Yves Simon*
P4949. Les Sept Secrets du temps, *Jean-Marc Bastière*
P4950. Les Pierres sauvages, *Fernand Pouillon*
P4951. Lettres à Nour, *Rachid Benzine*

P4952. Niels, *Alexis Ragougneau*
P4953. Phénomènes naturels, *Jonathan Franzen*
P4954. Le Chagrin d'aimer, *Geneviève Brisac*
P4955. Douces déroutes, *Yanick Lahens*
P4956. Massif central, *Christian Oster*
P4957. L'Héritage des espions, *John le Carré*
P4958. La Griffe du chat, *Sophie Chabanel*
P4959. Les Ombres de Montelupo, *Valerio Varesi*
P4960. Le Collectionneur d'herbe, *Francisco José Viegas*
P4961. La Sirène qui fume, *Benjamin Dierstein*
P4962. La Promesse, *Tony Cavanaugh*
P4963. Tuez-les tous... mais pas ici, *Pierre Pouchairet*
P4964. Judas, *Astrid Holleeder*
P4965. Bleu de Prusse, *Philip Kerr*
P4966. Les Planificateurs, *Kim Un-Su*
P4967. Le Filet, *Lilja Sigurdardóttir*
P4968. Le Tueur au miroir, *Fabio M. Mitchelli*
P4969. Tout le monde aime Bruce Willis, *Dominique Maisons*
P4970. La Valeur de l'information. *Suivi de* Combat pour une presse libre, *Edwy Plenel*
P4971. Tristan, *Clarence Boulay*
P4972. Treize jours, *Roxane Gay*
P4973. Mémoires d'un vieux con, *Roland Topor*
P4974. L'Étang, *Claire-Louise Bennett*
P4975. Mémoires au soleil, *Azouz Begag*
P4976. Écrit à la main, *Michael Ondaatje*
P4977. Journal intime d'un touriste du bonheur *Jonathan Lehmann*
P4978. Qaanaaq, *Mo Malø*
P4979. Faire des pauses pour se (re)trouver, *Anne Ducrocq*
P4980. Guérir de sa famille par la psychogénéalogie *Michèle Bromet-Camou*
P4981. Dans le désordre, *Marion Brunet*
P4982. Meurtres à Pooklyn, *Mod Dunn*
P4983. Iboga, *Christian Blanchard*
P4984. Paysage perdu, *Joyce Carol Oates*
P4985. Amours mortelles. Quatre histoires où l'amour tourne mal, *Joyce Carol Oates*
P4986. J'ai vu une fleur sauvage. L'herbier de Malicorne *Hubert Reeves*
P4987. La Course de la mouette, *Barbara Halary-Lafond*
P4988. Poèmes et antipoèmes, *Nicanor Parra*
P4989. Herland, *Charlotte Perkins Gilman*
P4990. Dans l'épaisseur de la chair, *Jean-Marie Blas de Roblès*
P4991. Ouvre les yeux, *Matteo Righetto*
P4992. Dans les pas d'Alexandra David-Néel. Du Tibet au Yunnan, *Éric Faye, Christian Garcin*

P4993. Lala Pipo, *Hideo Okuda*
P4994. Mes prolongations, *Bixente Lizarazu*
P4995. Moi, serial killer. Les terrifiantes confessions de 12 tueurs en série, *Stéphane Bourgoin*
P4996. Les Sorcières de la République, *Chloé Delaume*
P4997. Les Chutes, *Joyce Carol Oates*
P4998. Petite Sœur mon amour, *Joyce Carol Oates*
P4999. La douleur porte un costume de plumes, *Max Porter*
P5000. L'Expédition de l'espoir, *Javier Moro*
P5001. Séquoias, *Michel Moutot*
P5002. Indu Boy, *Catherine Clément*
P5005. L'argent ne fait pas le bonheur mais les luwak si *Pierre Derbré*
P5006. En camping-car, *Ivan Jablonka*
P5007. Beau Ravage, *Christopher Bollen*
P5008. Ariane, *Myriam Leroy*
P5009. Est-ce ainsi que les hommes jugent ? *Mathieu Menegaux*
P5010. Défense de nourrir les vieux, *Adam Biles*
P5011. Une famille très française, *Maëlle Guillaud*
P5012. Le Hibou dans tous ses états, *David Sedaris*
P5013. Mon autre famille : mémoires, *Armistead Maupin*
P5014. Graffiti Palace, *A. G. Lombardo*
P5015. Les Monstres de Templeton, *Lauren Groff*
P5016. Falco, *Arturo Pérez-Reverte*
P5017. Des nuages plein la tête. Un pâtre en quête d'absolu *Brice Delsouiller*
P5018. La Danse du chagrin, *Bernie Bonvoisin*
P5019. Peur, *Bob Woodward*
P5020. Secrets de flic. Guerre des polices, stups et mafia, l'ex-patron de la PJ raconte, *Bernard Petit*
P5023. Passage des ombres, *Arnaldur Indridason*
P5024. Les Saisons inversées, *Renaud S. Lyautey*
P5025. Dernier Été pour Lisa, *Valentin Musso*
P5026. Le Jeu de la défense, *André Buffard*
P5027. Esclaves de la haute couture, *Thomas H. Cook*
P5028. Crimes de sang-froid, *Collectif*
P5029. Missing : Germany, *Don Winslow*
P5030. Killeuse, *Jonathan Kellerman*
P5031. #HELP, *Sinéad Crowley*
P5033. Baroque Sarabande, *Christian Taubira*
P5034. Moins d'ego, plus de joie !. Un chemin pour se libérer *Christopher Massin*
P5035. Le Monde selon Barney, *Mordecai Richler*
P5036. Portrait de groupe avec dame, *Heinrich Böll*